财政部“十二五”职业教育规划教材

新世纪高职高专精品教材·会计类主干课

财务会计习题与实训

（第四版）

主　编　丁增稳

副主编　康　莉　田　原

参　编　赵志坚　曹方林　陶克三

大连出版社

内容简介

本书是《财务会计》的配套辅导用书，旨在帮助学生更好地理解和掌握财务会计的基本理论、基本知识和基本方法。本书的基本结构与教材完全一致，共分为18章，包括绪论，货币资金，存货，金融资产，长期股权投资，固定资产，无形资产及其他资产，投资性房地产，非货币性资产交换，负债，债务重组，所有者权益，所得税，收入、费用和利润，财务会计报告，外币折算，会计政策、会计估计变更和差错更正，资产负债表日后事项等。

图书在版编目(CIP)数据

财务会计习题与实训 / 丁增稳主编. —4版. —大连：大连出版社，2014.2
财政部"十二五"职业教育规划教材 新世纪高职高专精品教材. 会计类主干课
ISBN 978-7-5505-0619-0

Ⅰ.①财… Ⅱ.①丁… Ⅲ.①财务会计—高等职业教育—教学参考资料
Ⅳ.①F234.4

中国版本图书馆CIP数据核字(2014)第008553号

出 版 人：刘明辉
策划编辑：毕华书 侯娟娟
责任编辑：姚 兰
责任校对：刘丽君
封面设计：林 洋
版式设计：金东秀
责任印制：徐丽红

出版发行者：大连出版社
地址：大连市西岗区长白街12号
邮编：116011
电话：(0411)83620416/83621075
传真：(0411)83610391
网址：http://www.dlmpm.com
电子信箱：hjj@dlmpm.com
印 刷 者：大连美跃彩色印刷有限公司
经 销 者：各地新华书店

幅面尺寸：170mm×240mm
印 张：11.25
字 数：252千字

出版时间：2007年5月第1版
2014年2月第4版
印刷时间：2014年2月第10次印刷
书 号：ISBN 978-7-5505-0619-0
定 价：23.00元

如有印装质量问题，请与我社营销部联系
购书热线电话：(0411)83620416/83621075

出版说明

为了配合大连出版社出版的“财政部‘十二五’职业教育规划教材　新世纪高职高专精品教材·会计类主干课”的教学需要，我们根据此系列教材的内容，组织全国高等职业技术学院会计及相关专业长期从事教学和科研工作的一线教师及有关专家，编写了配套的习题与实训丛书。

本套丛书以系列教材为依托，以扩展和综合运用教材知识为编写宗旨。在编写时，注重理论联系实际，遵照循序渐进的教学原则，安排了两部分内容：习题和实训。在习题部分，包括填空题、选择题、判断题、名词解释、综合练习题等内容，可以使学生通过练习全面掌握教材的基本理论和基本知识；在实训部分，根据各课程的实际需要，分别包括计算、会计分录、实务操作、案例等内容，旨在增强学生动手能力，提高职业判断能力和综合运用能力，真正达到提高学生分析问题和解决问题能力的目的，为学生以后学习和就业打下坚实的基础。

为了便于授课教师指导学生练习和实训，我们同时配备了习题与实训的参考答案（获取方式见本书最后的教学支持说明）。

虽然我们在编写本套丛书时力求达到完美，但由于水平所限，书中不足之处在所难免，欢迎广大读者提出宝贵的意见和建议，也希望得到批评和指正，以便今后更好地改进和提高。

大连出版社

前　言

为配合教学需要，我们根据《财务会计》的内容，编写了《财务会计习题与实训》。

本书按教材章节编写，每一章分四个组成部分：第一部分为“训练目标”，强调本章训练的具体目标和能力培养；第二部分为“关键术语”，主要介绍本章重要的名词或术语；第三部分为“练习题”，包括单项选择题、多项选择题和判断题，其目的是使学习者通过练习全面掌握本章的基本理论和基本知识；第四部分为“实训题”，旨在增强学习者动手能力，提高会计职业判断能力和综合运用能力。四个部分层次分明，循序渐进，浑然一体。此外，在书最后增加三套模拟试题，便于学生自我检查学习状况。

本书由安徽商贸职业技术学院丁增稳担任主编，构建结构体系，并负责对全书的审定，由内蒙古财经学院职业学院康莉和青岛酒店管理职业技术学院田原担任副主编。本书编写分工如下：第1、3、5、13、15章由丁增稳执笔，第4、6章由康莉执笔，第10、17章由田原执笔，第2、9、11、12章由赵志坚执笔，第7、14、18章由曹方林执笔，第8、16章由陶克三执笔。在本书的编写和修订过程中，得到了厦门大学葛家澍教授和大连出版社的大力支持，在此表示真诚的感谢。

在编写和修订过程中难免存在一些缺点和错误，敬请广大读者批评指正，以便不断修改完善。

编　者

2013年12月

目　录

第1章 绪论

训练目标

1. 熟悉财务会计的产生与发展,理解财务会计的产生与发展和社会、经济、环境等的关系。

2. 熟悉财务会计的特征,明确财务会计的概念。

3. 掌握财务会计系统的内容,熟悉财务会计确认、计量、记录和报告的关系。

4. 掌握财务会计的计量属性,正确运用各种计量属性,提供不同的会计信息。

5. 掌握财务会计目标,正确提供报表使用者所需的信息。

6. 熟悉会计核算基本前提和会计信息质量要求,明确提供高质量信息的重要性。

关键术语

财务会计　会计确认　会计计量　会计记录　会计报告　历史成本　重置成本　可变现净值　现值　公允价值　财务会计目标　会计核算前提　会计主体　会计分期　持续经营　货币计量　谨慎性　实质重于形式　真实性　可理解性　相关性　及时性　资产　负债　所有者权益　收入　费用　利润

练习题

一、单项选择题

1. 在会计信息质量要求中,要求企业提供的会计信息应当清晰明了,便于财务会计报告使用者理解和使用,这是(　　)。

A. 可比性原则　　B. 真实性原则
C. 相关性原则　　D. 可理解性原则

2. 企业发生的下列支出,可以作为资产核算的是(　　)。

A. 支付的业务招待费　　B. 支付的专利权研究支出

C. 支付的生产工人工资　　D. 支付的土地使用权出让金

3. 下列项目中,符合资产定义的是(　　)。

A. 经营租入的设备　　B. 购入的专利权

C. 待处理财产损失　　D. 计划购买的某个商品

4. 下列各项支出中,属于费用的是(　　)。

A. 租入固定资产的改良支出　　B. 企业销售人员的工资支出

C. 购买土地使用权支出　　D. 在建工程人员的工资支出

5. 会计核算上将以融资租赁方式租入的固定资产视为企业的资产,所遵循的会计信息质量要求是(　　)。

A. 实质重于形式　　B. 重要性

C. 权责发生制　　D. 及时性

6. 导致权责发生制的产生以及应收、应付等会计处理方法的运用的基本前提或原则是(　　)。

A. 谨慎性　　B. 历史成本　　C. 会计分期　　D. 货币计量

7. 下列项目中,不属于会计信息质量要求的是(　　)。

A. 及时性　　B. 重要性　　C. 真实性　　D. 历史成本

8. 下列各项中,能够引起负债和所有者权益同时发生变化的是(　　)。

A. 摊销长期待摊费用　　B. 股东大会提出现金股利分配方案

C. 计提长期债券投资利息　　D. 以盈余公积转增资本

9. 对期末存货采用成本与可变现净值孰低法计价,所体现的会计信息质量要求是(　　)。

A. 及时性原则　　B. 可理解性原则　　C. 谨慎性原则　　D. 可比性原则

10. 企业计提固定资产折旧主要依据的会计核算基本前提或一般原则是(　　)。

A. 货币计量　　B. 持续经营　　C. 一贯性原则　　D. 可比性原则

11. 企业会计核算必须符合国家的统一规定,这是为了满足(　　)的要求。

A. 相关性原则　　B. 重要性原则　　C. 可比性原则　　D. 可靠性原则

12. 企业将劳动资料划分为固定资产和低值易耗品,是基于会计信息质量的(　　)的要求。

A. 及时性原则　　B. 重要性原则　　C. 谨慎性原则　　D. 可比性原则

二、多项选择题

1. 下列各项中,可以作为一个会计主体的有(　　)。

A. 母公司　　B. 子公司

C. 母子公司组成的企业集团　　D. 子公司下设的分公司

2. 下列各项中,属于会计中期的有(　　)。

A. 年度　　B. 半年度　　C. 季度　　D. 月度

3. 下列各种会计处理方法中,体现谨慎性原则的有(　　)。

A. 固定资产采用双倍余额递减法计提折旧
B. 低值易耗品价值摊销采用分期摊销法
C. 存货期末采用成本与可变现净值孰低法计价
D. 持有至到期投资采用成本计价

4. 下列各项中,体现会计核算的谨慎性原则的有( )。
A. 将融资租入固定资产视为自有资产核算
B. 对固定资产计提减值准备
C. 采用年数总和法计提固定资产折旧
D. 对应收款项计提坏账准备

5. 下列各种会计处理方法中,体现谨慎性原则的有( )。
A. 对无形资产计提减值准备
B. 交易性金融资产采用公允价值计量
C. 长期股权投资采用成本法核算
D. 对存货计提跌价损失准备

6. 根据《企业会计准则——基本准则》,下列各项中,属于我国会计信息质量要求的有( )。
A. 权责发生制 B. 实质重于形式 C. 重要性 D. 历史成本

7. 在财务会计中,会计核算的内容包括( )。
A. 会计确认 B. 会计计量 C. 会计记录 D. 会计报告

8. 下列各项中,能引起资产和所有者权益同时减少的项目有( )。
A. 计提发行债券利息 B. 提取固定资产折旧
C. 购入无形资产 D. 无形资产摊销

9. 下列各项中,属于财务会计计量属性的有( )。
A. 历史成本 B. 可变现净值 C. 现值 D. 公允价值

10. 在确认资产要素时,应满足的条件有( )。
A. 符合资产要素的定义 B. 经济利益很可能流入企业
C. 成本或价值能够可靠地计量 D. 符合历史成本计量属性

三、判断题

1. 利得和损失一定会影响当期损益。( )

2. 企业采用的会计政策前后各期应当保持一致,一经选定则不得变更。( )

3. 要求同一企业前后各期提供相互可比的会计信息的原则是可比性原则。( )

4. 会计主体与法律主体不完全对等,法律主体可作为会计主体,但会计主体不一定是法律主体。( )

5. 在会计核算的一般原则中,要求会计核算应当以实际发生的经济业务为依据的原则是历史成本原则。( )

6. 会计核算以人民币为记账本位币,业务收支以外币为主的企业,也可选择某种外

币作为记账本位币，但编报的财务会计报表应当折算为以人民币反映。(　　)

7. 企业出售无形资产而取得的收入应在“其他业务收入”账户核算。(　　)

8. 某一会计事项是否具有重要性，很大程度上取决于会计人员的职业判断。(　　)

9. 会计主体规定了会计核算内容的空间范围。(　　)

10. 公允价值是指在公平交易中，熟悉情况的交易双方自愿进行资产交换或者债务清偿的金额。(　　)

11. 历史成本是目前我国会计计量的基本方法，它贯穿于财务会计的始终。(　　)

12. 会计计量是指以企业具体会计准则或企业会计制度为判断依据，将某一项目作为资产、负债、收入、费用等正式加以记录和列入财务会计报表的过程。(　　)

第2章 货币资金

训练目标

1. 理解货币资金管理的重要性，熟悉货币资金的管理制度和各种结算方式的特点、适用范围及计算流程。

2. 掌握库存现金的日常收支核算、对库存现金的清查及其处理，熟悉货币的识别技术。

3. 熟悉银行结算制度和各种结算凭证，正确运用结算方式，保证资金及时回笼。

4. 掌握银行存款的核算和银行对账单的编制，保证账款安全、完整。

5. 掌握其他货币资金的内容及其核算，正确区分各种其他货币资金的核算范围。

关键术语

货币资金　坐支　支付结算　未达账项　其他货币资金　银行汇票存款　银行本票存款　信用卡存款　信用证保证金存款　存出投资款　外埠存款　银行存款余额调节表　基本存款账户　一般存款账户　专用存款账户　临时存款账户　现金支票　转账支票　商业汇票

练习题

一、单项选择题

1. 下列各项中，不属于货币资金的是(　　)。

A. 库存现金　　B. 银行存款　　C. 其他货币资金　　D. 备用金

2. 企业在现金清查中，经检查仍无法查明原因的现金短缺，经批准后应记入(　　)科目。

A. "财务费用"　　B. "管理费用"　　C. "销售费用"　　D. "营业外支出"

3. 对于银行已经入账而企业尚未入账的未达账项，企业正确的处理方法是(　　)。

A. 根据银行对账单记录的金额编制记账凭证入账

B. 根据银行存款余额调节表编制记账凭证入账
C. 根据银行存款余额调节表和银行对账单编制记账凭证入账
D. 待有关结算凭证到达后入账

4. 下列各项中,不通过"其他货币资金"科目核算的是( )。
A. 信用证保证金存款　　B. 商业汇票
C. 信用卡存款　　D. 银行本票存款

5. 企业将款项汇往外地开立的采购专用账户时,应借记的会计科目是( )。
A. "材料采购"　　B. "在途物资"
C. "预付账款"　　D. "其他货币资金"

6. 将现金存入银行,该笔经济业务应编制的记账凭证为( )。
A. 现金收款凭证　　B. 现金付款凭证
C. 银行存款收款凭证　　D. 银行存款付款凭证

7. 企业在进行现金清查时,查出现金溢余,并将溢余数记入"待处理财产损溢"科目,后经进一步核查,无法查明原因,经批准后,将其从"待处理财产损溢"科目转入( )科目。
A. "管理费用"　B. "营业外收入"　C. "其他应付款"　D. "其他应收款"

8. 银行汇票的提示付款期为自出票日起( )。
A. 1 个月　B. 2 个月　C. 3 个月　D. 6 个月

9. 下列支付结算方式中,需签订购销合同才能使用的是( )。
A. 银行汇票　B. 银行本票　C. 托收承付　D. 支票

10. 企业向其开户银行申请办理银行承兑汇票时支付的承兑手续费,应借记( )科目。
A. "管理费用"　　B. "财务费用"
C. "销售费用"　　D. "其他业务成本"

二、多项选择题

1. 根据《现金管理暂行条例》的规定,下列各项中允许企业支付现金的有( )。
A. 支付职工工资 200 000 元
B. 出差人员随身携带的差旅费 2 000 元
C. 用现金 2 300 元收购农副产品
D. 用现金 5 000 元购入原材料

2. 下列各项中,不通过"其他货币资金"科目核算的有( )。
A. 银行本票　　B. 现金支票
C. 银行承兑汇票　　D. 存出投资款

3. 根据《人民币银行结算账户管理办法》的规定,企业可以开设的银行结算账户有( )。
A. 基本存款账户　　B. 一般存款账户

C. 专用存款账户　　D. 临时存款账户

4. 下列各项中使得企业银行存款日记账余额小于银行对账单余额的有(　　)。

A. 企业开出支票,银行尚未收到

B. 银行误将其他公司的存款计入本企业银行存款账户

C. 银行代扣水电费

D. 银行收到委托收款结算方式下的结算款项,企业尚未收到通知

5. 商业汇票的承兑人可以包括(　　)。

A. 购货单位　　B. 购货单位的开户银行

C. 销货单位　　D. 销货单位的开户银行

6. 下列票据可以背书转让的有(　　)。

A. 现金支票　　B. 转账支票

C. 商业汇票　　D. 银行本票

7. 下列结算方式中,可用于异地结算的有(　　)。

A. 委托收款　　B. 银行本票　　C. 银行汇票　　D. 商业汇票

8. 下列结算方式中,可用于同城和异地结算的有(　　)。

A. 委托收款　　B. 支票　　C. 托收承付　　D. 商业汇票

9. 根据《银行结算办法》的规定,可以提取现金的结算方式有(　　)。

A. 支票　　B. 银行本票　　C. 商业汇票　　D. 银行汇票

10. 不得办理托收承付结算的款项有(　　)。

A. 赊销商品的款项　　B. 代销商品的款项

C. 寄销商品的款项　　D. 同城销售商品的款项

三、判断题

1. 企业职工工资、奖金等现金的支取,只能通过其在银行开立的基本存款账户办理。(　　)

2. 企业可以将当日收到的销货款直接用于购买办公用品。(　　)

3. 库存现金的溢余或短缺,在批准前应通过"待处理财产损溢"科目核算。(　　)

4. 企业一律不得坐支现金。(　　)

5. 银行存款余额调节表不仅用于核对账目,而且应作为调整银行存款账目余额的原始凭证。(　　)

6. 企业因销售产品而收到的由购买方签发支付的银行汇票应通过"其他货币资金"科目核算。(　　)

7. 银行汇票可以用于同一票据交换区域。(　　)

8. "库存现金"账户包括企业内部各部门周转使用、由使用部门保管的定额备用金。(　　)

9. 为了减员增效,企业的出纳人员除登记现金日记账和银行存款日记账外,还可以进行债权债务账目的登记工作。(　　)

10. 经过银行存款余额调节表调节后的银行存款余额是企业实际可动用的存款余额。( )

实训题

实训一

目的:实训货币资金的基本业务处理。

资料:A公司3月1日库存现金余额为1 000元,银行存款余额为260 000元。当月发生如下经济业务:

1. 开出现金支票,从银行提取现金2 000元备用。

2. 采购员王明报销差旅费1 500元,经批准予以报销,以现金500元补足差额(原借款1 000元)。

3. 收到买方交来归还货款的转账支票8 000元,出纳已将该支票送存银行。

4. 购入材料一批,取得的增值税专用发票上注明价款30 000元、增值税5 100元,采用汇兑结算方式支付货款,材料已验收入库。

5. 开出现金支票从银行提取现金180 000元,备发工资。

6. 以现金支付职工工资180 000元。

7. 销售产品一批,价款40 000元,增值税6 800元,款项已经收到,并存入银行。

8. 收到一张6 000元的转账支票,系保险公司支付的赔款。

9. 企业用现金支付租入设备保证金800元。

10. 以银行存款缴纳职工基本养老保险费30 000元。

要求:

1. 根据资料,逐项编制会计分录。

2. 开设现金日记账和银行存款日记账,并登记日记账。

实训二

目的:实训现金清查的会计核算。

资料:

1. 在现金清查中发现库存现金盘盈150元。

2. 经核查,盘盈现金中100元系少付张浩的补助款;其余现金原因不明,批准列入收入。

3. 在现金清查中发现现金短少605元。

4. 经核查,盘亏现金中600元属出纳私自借款,已经收回;其余5元无法查明原因,批准转账。

要求:根据资料,分别做现金清查的相关会计分录。

实训三

目的:实训未达账项的查找和银行存款余额调节表的编制。

资料:某企业2013年6月1日银行存款日记账余额为13 505元,6月份发生下列银行存款的收付业务:

1.5日,以银行存款2 000元支付购入材料运费。

2.10日,收到应收账款20 000元,存入银行。

3.15日,从银行提取现金500元备用。

4.19日,以银行存款19 680元支付购买甲材料价款16 820元、增值税2 860元。

5.20日,以银行存款8 400元支付购买乙材料价款7 179元、增值税1 221元。

6.21日,销售产品一批,货款14 000元,增值税2 380元,共计16 380元,已取得并存入银行。

7.22日,以银行存款支付机器修理费188元。

6月30日,银行送来对账单,内容如下:

银行对账单　　　　单位:元

时间	摘要	结算凭证号	存入	支出	存或欠	余额
6月1日	余额				存	13 505
6月10日	转账收入		20 000			
6月15日	支出			500		
6月16日	代付电费			1 560		
6月19日	支出			19 680		
6月20日	支出			200		
6月30日	存款利息		2 454			
6月30日	代收货款		5 940			
6月30日	支出			8 400	存	11 559

要求:

1.登记银行存款日记账,并结出6月30日的账面余额。

2.指出未达账项有哪些。

3.编制6月30日的银行存款余额调节表。

实训四

目的:实训其他货币资金的会计核算。

资料:甲企业某月发生下列有关其他货币资金的经济业务:

1.企业向其开户银行申请办理银行汇票80 000元,已办妥相关手续,采购员李清持票到外地采购。

2.企业购入材料一批,取得的增值税专用发票上注明价款20 000元、增值税3 400元,材料已验收入库,款项以企业外埠存款支付。

3. 企业用信用卡支付办公用品费 3 000 元。

4. 采购员李清交来购入材料取得的增值税专用发票，价款 60 000 元、增值税10 200 元，材料尚未验收入库，款项以银行汇票结算，余款转回企业基本存款账户。

5. 企业向证券公司指定银行存入 5 000 000 元，开立投资账户，用于购买股票。

要求：根据资料，分别编制会计分录。

实训五

目的：实训银行存款余额调节表的编制。

资料：甲公司 2012 年 12 月份发生的与银行存款有关的业务如下：

1. (1)12 月 28 日，甲公司收到 A 公司开出的 480 万元的转账支票，交存银行。该笔款项系 A 公司违约支付的赔款，甲公司将其计入当期损益。

(2)12 月 29 日，甲公司开出转账支票支付 B 公司咨询费 360 万元，并于当日将支票交给 B 公司。

2. 12 月 31 日，甲公司银行存款日记账余额为 432 万元，银行转来的对账单余额为 664 万元。经逐笔核对，发现以下未达账项：

(1) 甲公司已将 12 月 28 日收到的 A 公司赔款登记入账，但银行尚未记账。

(2)B 公司尚未将 12 月 29 日收到的支票送存银行。

(3) 甲公司委托银行代收 C 公司购货款 384 万元，银行已于 12 月 30 日收妥并登记入账，但甲公司尚未收到收款通知。

(4)12 月份甲公司发生借款利息 32 万元，银行已减少其存款，但甲公司尚未收到银行的付款通知。

要求：

1. 编制甲公司业务 1 的会计分录。

2. 根据上述资料，编制甲公司银行存款余额调节表。

(答案中的金额单位用万元表示)

第3章
存 货

训练目标

1. 理解存货的概念和确认条件,正确判断和把握企业存货核算的范围。

2. 掌握存货成本的组成内容,正确确定不同类型存货的成本。

3. 掌握发出存货的计价方法,熟练运用不同计价方法计算发出存货的成本。

4. 比较不同存货计价方法,说明它们对企业的资产负债表和利润表产生的影响。

5. 掌握存货实际成本计价法核算的原理,熟练完成外购存货及其他存货的核算。

6. 掌握存货计划成本计价法核算的原理,熟练完成存货的核算和信息提供。

7. 比较存货按实际成本计价和按计划成本计价的优劣,把握存货计价方法的适用范围,使存货与存货计价方法有机结合。

8. 回忆并复习存货盘存制度,正确地对发生的存货盘盈或盘亏进行会计处理。

9. 理解可变现净值的含义,正确运用会计准则的规定,计算不同存货的可变现净值。

10. 理解成本与可变现净值孰低法的核算原理,进行存货跌价准备的计提和转回。

关键术语

存货　存货成本　存货采购成本　存货加工成本　先进先出法　月末一次加权平均法　移动加权平均法　个别计价法　实际成本法　计划成本法　周转材料　可变现净值　成本与可变现净值孰低法

练习题

一、单项选择题

1. 甲工业企业为增值税小规模纳税人,某月外购原材料一批,价格为10 000元,增值税为1 700元,入库前发生的挑选整理费为500元。该批原材料的入账价值为(　　)元。

A. 10 000　　B. 11 700　　C. 10 500　　D. 12 200

2. 下列存货发出的计价方法中，不利于存货成本日常管理与控制的方法是（　　）。

A. 先进先出法　　B. 移动加权平均法

C. 月末一次加权平均法　　D. 个别计价法

3. 某企业为增值税小规模纳税企业。该企业购入甲材料600千克，每千克含税单价为50元，发生的运杂费为2 000元，运输途中发生合理损耗10千克，入库前发生的挑选整理费用为200元。该批甲材料的入账价值为（　　）元。

A. 30 000　　B. 32 000　　C. 32 200　　D. 32 700

4. 某企业月初结存材料的计划成本为30 000元，成本差异为超支200元；当月入库材料的计划成本为70 000元，成本差异为节约700元。当月生产车间领用材料的计划成本为60 000元。当月生产车间领用材料应负担的材料成本差异为（　　）元。

A. -300　　B. 300　　C. -540　　D. 540

5. 企业对已记入"待处理财产损溢"科目的存货盘亏及毁损事项进行会计处理时，应计入管理费用的是（　　）。

A. 管理不善造成的存货净损失　　B. 自然灾害造成的存货净损失

C. 应由保险公司赔偿的存货净损失　　D. 应由过失人赔偿的存货净损失

6. 某超市年初库存商品的成本为28万元，售价金额为35万元；当年购入商品的成本为20万元，售价金额为25万元；当年实现的销售收入为42万元。在采用售价金额核算法的情况下，该超市年末库存商品的成本为（　　）万元。

A. 18　　B. 14.4　　C. 12　　D. 9.6

7. 在出租包装物采用一次摊销的情况下，出租包装物报废时收回的残料价值应冲减（　　）。

A. 原材料　　B. 其他业务成本　　C. 包装物成本　　D. 销售费用

8. 在物价持续上涨的情况下，下列各种存货计价方法中，使期末存货价值最大的是（　　）。

A. 先进先出法　　B. 个别计价法

C. 月末一次加权平均法　　D. 移动加权平均法

9. 某商场采用毛利率法对商品的发出和结存进行日常核算。4月份，甲类商品期初库存余额为20万元。当月购进60万元的该类商品，当月销售收入为92万元，当月销售折让为2万元。上月该类商品扣除销售折让后计算的毛利率为30%。假定不考虑相关税费，4月，该类商品月末库存成本为（　　）万元。

A. 15.6　　B. 17　　C. 52.4　　D. 53

10. 某企业采用计划成本进行材料的日常核算。2012年12月，月初结存材料计划成本为300万元，当月收入材料计划成本为700万元；月初结存材料成本差异为超支2万元，当月收入材料成本差异为节约10万元。当月发出材料计划成本为800万元。当月结存材料的实际成本为（　　）万元。

A. 197.6　　B. 202.4　　C. 201.6　　D. 198.4

11. 甲工业企业为增值税一般纳税企业，适用的增值税税率为17%。本期购入材料

100千克,不含税价款为57 000元。验收入库时发现短缺5%,经查属于运输途中的合理损耗。该批原材料入库前挑选整理费用为380元。该批原材料的实际成本为每千克(　　)元。

A. 545.3　　B. 573.8　　C. 604　　D. 706

12. 下列各项业务中,不会引起期末存货账面价值发生增减变动的是(　　)。

A. 已发出商品但尚未确认销售

B. 已确认销售但尚未发出商品

C. 计提存货跌价准备

D. 已收到发票账单并付款但尚未收到材料

13. 某商场采用售价金额核算法对库存商品进行核算。本月初库存商品的进价成本为6万元,售价总额为9万元;本月购进商品的进价成本为8万元,售价总额为11万元;本月销售商品的售价总额为15万元。该商场本月末库存商品的实际成本为(　　)万元。

A. 3.5　　B. 4.5　　C. 10.5　　D. 14

14. 某企业存货的日常核算采用毛利率法计算发出存货成本。该企业2013年1月份实际毛利率为30%;2月1日的存货成本为1 200万元,2月份购进存货的成本为2 800万元,销售收入为3 000万元,销售退回为300万元。该企业2月末存货成本为(　　)万元。

A. 1 300　　B. 1 900　　C. 2 110　　D. 2 200

15. 下列原材料相关损失项目中,应计入营业外支出的是(　　)。

A. 计量差错引起的原材料盘亏　　B. 自然灾害造成的原材料损失

C. 原材料运输途中发生的合理损耗　　D. 人为原因造成的原材料损失

16. 存货计价采用成本与可变现净值孰低法,符合会计信息质量要求的(　　)。

A. 谨慎性原则　　B. 配比原则　　C. 一贯性原则　　D. 客观性原则

17. 企业发生的原材料盘亏或毁损损失中,不应作为管理费用列支的是(　　)。

A. 自然灾害造成的存货净损失　　B. 管理不善造成的盘亏损失

C. 保管中发生的定额内自然损耗　　D. 收发计量差错造成的盘亏损失

18. 下列各项支出中,一般纳税企业不计入存货成本的是(　　)。

A. 购入存货时发生的增值税进项税额

B. 入库前的挑选整理费用

C. 购买材料而发生的定额内合理损耗

D. 购买材料而支付的进口关税

19. 企业接受投资者投入存货时,其入账价值的依据为(　　)。

A. 有关凭据中标明的金额加相关税费　　B. 同类存货的市场价格

C. 所接受存货的未来现金流量的现值　　D. 投资各方确认的价值

20. 企业某种存货的期初实际成本为200万元,期初"存货跌价准备"账户贷方余额为2.5万元,本期购入该种存货的实际成本为45万元,领用150万元,期末估计库存该种存货的可变现净值为 91 万元。则本月应计提的存货跌价准备为(　　)万元。

A. 1.5　　B. 2.5　　C. 4　　D. 9

二、多项选择题

1. 下列存货的盘亏或毁损损失,经批准后,应作为管理费用列支的有(　　)。

A. 自然灾害造成的存货净损失　　B. 管理不善造成的盘亏损失

C. 保管中发生的定额内自然损耗　　D. 收发计量差错造成的盘亏损失

2. 下列各项税金中,构成相关资产成本的有(　　)。

A. 用于直接出售的委托加工应税消费品由受托方代收代缴的消费税

B. 用于连续生产的委托加工应税消费品由受托方代收代缴的消费税

C. 用于在建工程的库存原材料已支付的增值税进项税额

D. 小规模企业购买的原材料所支付的增值税进项税额

3. 下列各项中,应计入其他业务成本的有(　　)。

A. 随同产品出售不单独计价的包装物成本

B. 对外销售的原材料成本

C. 随同产品出售单独计价的包装物成本

D. 领用的用于出借的新包装物成本

4. 下列各项中,应计入销售费用的有(　　)。

A. 随同产品出售单独计价的包装物成本

B. 分期摊销的出租包装物成本

C. 随同产品出售不单独计价的包装物成本

D. 分期摊销的出借包装物成本

5. 甲企业为增值税一般纳税企业,委托外单位加工一批材料(属于应税消费品),该批材料加工收回后用于连续生产应税消费品。甲企业发生的下列各项支出中,会增加收回委托加工材料实际成本的有(　　)。

A. 支付的运杂费　　B. 支付的增值税

C. 支付的加工费　　D. 支付的消费税

6. 下列项目中,在编制资产负债表时应列入"存货"项目的有(　　)。

A. 在途物资　　B. 发出商品　　C. 委托加工物资　　D. 工程物资

7. 下列各项中,应计入企业外购存货入账价值的有(　　)。

A. 存货的购买价格　　B. 存货运输途中的合理损耗

C. 入库前的挑选整理费用　　D. 运输途中的保险费

8. 计算存货可变现净值时,可以从估计售价中扣除的项目有(　　)。

A. 存货的账面价值　　B. 存货估计完工成本

C. 存货的储存费用　　D. 销售所必需的估计费用

9. 下列各种物资中,应作为企业存货核算的有(　　)。

A. 委托加工物资　　B. 周转材料　　C. 工程物资　　D. 库存商品

10. 在采用计划成本法核算存货时,应设置的会计科目有(　　)。

A.“在途物资”　　B.“原材料”

C.“材料采购”　　D.“材料成本差异”

三、判断题

1. 以前会计期间已计提存货跌价准备的某项存货,当其可变现净值恢复到等于或大于成本时,应该将该项存货的跌价准备的账面已提数全部冲回。(　　)

2. 自然灾害或意外事故以外的原因造成的存货毁损所发生的净损失,均应计入管理费用。(　　)

3. 采用定期盘存法时,平时只记录存货购进的数量和金额,不记录存货发出的数量和金额,期末通过实地盘点确定存货的实际结存数量,并据以计算出期末存货的成本和当期耗用或已销售存货的成本。(　　)

4. 股份有限公司在对外提供财务会计报告时,对于报告期末盘亏的存货,如未得到批准,可不作账务处理。(　　)

5. 企业盘盈或盘亏的存货,如在期末结账前尚未批准处理,应在对外提供财务会计报告时先进行处理,并在会计报表附注中作出说明。(　　)

6. 委托加工物资收回后,用于连续生产的,委托方应将由受托方代收代缴的消费税计入委托加工物资的成本。(　　)

7. 存货跌价准备应按单个存货项目的成本低于其可变现净值的差额提取。(　　)

8. 工业企业的包装材料和包装物都是为包装本企业产品而储备的材料,都应在“周转材料”科目中核算。(　　)

9. 企业采用计划成本核算原材料,平时收到原材料时应按实际成本借记“原材料”科目,领用或发出原材料时应按计划成本贷记“原材料”科目,期末再将发出原材料和期末库存材料调整为实际成本。(　　)

10. 存货计价方法的选择不仅影响资产负债表中的资产总额,而且影响利润表中的净利润。(　　)

实训题

实 训 一

目的:实训企业取得存货按实际成本计价的核算。

资料:ABC 公司为增值税一般纳税人,增值税税率为 17%,存货按实际成本进行收发的核算。2013 年7月发生业务如下:

1. 2 日,从本市一家公司购入甲材料 30 吨,每吨 1 600 元,公司开出转账支票支付货款及税款,同时以现金 300 元支付运杂费,材料已验收入库。

2. 5 日,收到外地企业发来的乙材料 20 吨,每吨 1 400 元,上月已预付货款 20 000

元,材料已如数验收入库,公司以银行存款支付欠款及外地运杂费200元。

3.10日,从本市某公司购入丙材料30吨,每吨8 000元,公司开出银行承兑汇票一张并承兑。该银行承兑汇票面值为280 800元,期限为3个月。材料已验收入库。

4.14日,从外地企业购入甲材料30吨,每吨1 500元,对方代垫运杂费600元,款项及税款以银行本票支付,材料未到。

5.21日,收到14日所购的材料,验收时发现短少500千克,原因不明,其余材料已验收入库。

6.24日,收到调查报告,查明21日短少的500千克甲材料中运输公司运输丢失400千克,同意赔偿,款未收到,100千克属于运输途中的合理损耗。

7.26日,从外地一家企业购入丁材料3吨,每吨6 000元,材料已验收入库,但发票账单尚未收到。

8.28日,收到运输公司的赔款600元,存入银行。

要求:逐项编制会计分录。

实训二

目的:实训企业按实际成本进行存货收发的核算。

资料:京华公司为增值税一般纳税企业,采用实际成本进行存货的日常核算。假定运费不考虑增值税。2013年8月1日有关账户的期初余额如下:

在途物资——甲材料　　4 000元　　应付账款——暂估应付账款　5 000元

委托加工物资——B企业　2 000元　　周转材料　　5 000元

原材料——甲材料(月初结存5 780千克,单价100元)　578 000元

2013年8月发生如下经济业务事项:

1.1日,对上月末暂估入账的甲材料进行会计处理。

2.3日,上月已付款的甲材料40千克,每千克100元,全部收到,并验收入库。

3.8日,从A企业购入甲材料500千克,单价100元,增值税专用发票上注明的增值税为8 500元,另外A企业还代垫运费500元。全部货款已用银行存款支付,材料已验收入库。

4.10日,收到上月委托B企业加工的包装物,并已验收入库,入库成本为2 000元。

5.13日,持银行汇票200 000元从C企业购入甲材料1 600千克,单价为100元,增值税专用发票上注明的增值税为27 200元,对方代垫运杂费500元,材料尚未到达。

6.15日,收到从C企业购入的材料,并已验收入库,同时收回银行汇票多余票款并存入银行。

7.20日,收到上月估价入账的材料发票账单,共采购甲材料50千克,增值税专用发票上注明的货款为5 000元、增值税为850元,开出银行承兑汇票承付。

8.22日,收到D企业发来的甲材料80千克,并已验收入库。该批材料货款8 000元,增值税1 360元,对方代垫运杂费640元。为购买该批材料,京华公司已于上月预付货款6 000元,收到材料后用银行存款补付余款。

9. 30 日，结转本月随同产品出售不单独计价的包装物成本6 000元。

10. 30 日，根据“发料凭证汇总表”，本月领用甲材料汇总情况如下：基本生产车间为产品生产领用5 000千克，车间一般耗用300千克，辅助生产车间领用600千克，管理部门领用100千克。

要求：

1. 设置“在途物资”和“原材料——甲材料”明细账，并登记期初余额。

2. 编制事项1～9的会计分录。

3. 采用月末一次加权平均法登记“原材料——甲材料”明细账，并计算加权平均单价。

4. 计算发出甲材料的实际成本和结存甲材料的实际成本，并编制会计分录。

实训三

目的：实训企业发出存货按实际成本计价的核算。

资料：京都公司存货按实际成本进行核算。2013年7月1日结存A材料100千克，每千克实际成本为100元。当月发生如下经济业务：

1. 3日，购入A材料50千克，每千克实际成本为105元，材料已验收入库。

2. 5日，发出A材料80千克。

3. 7日，购入A材料70千克，每千克实际成本为98元，材料已验收入库。

4. 12日，发出A材料130千克。

5. 20日，购入A材料80千克，每千克实际成本为110元，材料已验收入库。

6. 25日，发出A材料30千克。

要求：

1. 设置“原材料——A材料”明细账，采用先进先出法计算发出材料和结存材料的实际成本。

2. 设置“原材料——A材料”明细账，采用月末一次加权平均法计算发出材料和结存材料的实际成本。

实训四

目的：实训企业发出存货按计划成本计价的核算。

资料：甲公司原材料日常收发及结存采用计划成本核算。月初结存材料的计划成本为600 000元，实际成本为605 000元；当月入库材料的计划成本为1 400 000元，实际成本为1 355 000元。

当月发出原材料（计划成本）的情况如下：

基本生产车间领用	800 000元
在建工程领用	200 000元
车间管理部门领用	5 000元
企业管理部门领用	15 000元

要求:

1. 计算当月材料成本差异率。

2. 编制发出材料的会计分录。

3. 编制月末结转本期发出材料成本差异的会计分录。

实训五

目的:实训存货收发按计划成本计价的核算。

资料:某企业为增值税一般纳税企业,材料按计划成本计价,甲材料计划成本为10元/千克。该企业2013年4月份有关资料如下:

1."原材料"科目月初借方余额为20 000元,"材料成本差异"科目月初贷方余额为730元,"材料采购"科目月初借方余额为38 800元(上述科目核算的均为甲材料)。

2.4月5日,企业上月已付款的甲材料4 040千克如数收到,已验收入库。

3.4月20日,从外地A公司购入甲材料8 000千克,增值税专用发票上注明的材料价款为84 500元、增值税为14 365元,运费为1 000元(运费的增值税按7%计算扣除),企业已用银行存款支付各种款项,材料尚未到达。

4.4月25日,从A公司购入的甲材料到达,验收入库时发现短缺40千克,经查明为途中超定额自然损耗,允许计入采购货物的实际成本。

5.4月30日,汇总本月发料凭证,本月共发出甲材料11 000千克,全部用于产品生产。

要求:

1. 编制事项2~5的会计分录,并随时结转材料成本差异。

2. 计算本月材料成本差异率。

3. 计算本月发出材料应负担的成本差异,并编制结转本期发出材料成本差异的会计分录。

4. 计算月末库存材料的实际成本。

实训六

目的:实训存货收发按计划成本计价的核算,并随时结转材料成本差异。

资料:某企业为增值税一般纳税人,适用的增值税税率为17%,按计划成本计价进行材料的日常核算。

假定该企业只有A、B两种材料。A材料计划单位成本为40元,B材料计划单位成本为100元;2013年12月初库存A材料3 000千克,库存B材料1 400千克。12月初"材料成本差异"科目借方余额为3 060元。

该企业2013年12月份发生下列经济业务:

1. 购入A材料1 500千克,价款为57 000元,增值税为9 690元,用银行存款支付,材料尚未入库。

2. 购入B材料800千克,价款为76 000元,增值税为12 920元,发票账单已到,企业开出一张商业汇票,材料已验收入库。

3. 购入 A 材料 500 千克,材料已入库,但发票账单未到。

4. 收到乙企业投资转入的 B 材料 2 000 千克,双方协商的材料价格为 195 000 元,增值税为 33 150 元,材料已验收入库。

5. 生产车间领用 A 材料 3 200 千克,其中 3 000 千克用于产品生产,200 千克用于一般消耗;领用 B 材料 2 900 千克,全部用于产品生产。

6. 企业管理部门领用 A 材料 20 千克。

要求:

1. 根据以上资料,编制事项 1 ~6 的会计分录。

2. 计算当月材料成本差异率。

3. 计算当月发出材料应负担的成本差异,并编制会计分录。

4. 计算当月末库存材料应负担的成本差异。

5. 计算当月末库存材料的实际成本。

6. 设置"原材料"、"材料采购"、"材料成本差异"总账,开设"原材料——A 材料"和"原材料——B 材料"明细分类账户,并根据以上资料登记相关明细账。

实训七

目的:实训存货期末计价的核算。

资料:某股份有限公司对期末存货采用成本与可变现净值孰低法计价。某项存货有关资料如下:

1. 2011 年 12 月 31 日成本为 200 000 元,可变现净值为 190 000 元。

2. 2012 年 6 月 30 日成本为 210 000 元,可变现净值为 198 000 元。

3. 2012 年 12 月 31 日成本为 180 000 元,可变现净值为 179 000 元。

4. 2013 年 6 月 30 日成本为 195 000 元,可变现净值为 204 000 元。

要求:

1. 计算各期计提的存货跌价准备。

2. 逐项编制会计分录。

实训八

目的:综合实训存货按实际成本计价的核算。

资料:甲企业为增值税一般纳税人,增值税税率为 17%。原材料采用实际成本核算,原材料发出采用月末一次加权平均法计价。运输费不考虑增值税。

2013 年 4 月,与 A 材料相关的资料如下:

1. 1 日,"原材料——A 材料"余额 20 000 元(共 2 000 千克,其中含 3 月末验收入库但因发票账单未到而以 2 000 元暂估入账的 A 材料 200 千克)。

2. 5 日,收到 3 月末以暂估价入库的 A 材料的发票账单,货款 1 800 元,增值税税额 306 元,对方代垫运输费 400 元,全部款项已用转账支票付讫。

3.8 日,以汇兑结算方式购入 A 材料 3 000 千克,发票账单已收到,货款 36 000 元,增值税税额 6 120 元,运输费 1 000 元,材料尚未到达,款项已由银行存款支付。

4.11 日,收到 8 日采购的 A 材料,验收时发现只有 2 950 千克。经查,短缺的 50 千克确定为运输途中的合理损耗。A 材料验收入库。

5.18 日,持银行汇票 80 000 元购入 A 材料 5 000 千克,增值税专用发票上注明的货款为 49 500 元、增值税税额为 8 415 元,另支付运输费 2 000 元,材料已验收入库,剩余票款退回并存入银行。

6.21 日,基本生产车间自制 A 材料 50 千克验收入库,总成本为 600 元。

7.30 日,根据“发料凭证汇总表”的记录,4 月份基本生产车间为生产产品领用 A 材料 6 000 千克,车间管理部门领用 A 材料 1 000 千克,企业管理部门领用 A 材料 1 000 千克。

要求:

1. 计算甲企业 4 月份发出 A 材料的单位成本。

2. 根据上述资料,编制甲企业 4 月份与 A 材料有关的会计分录。

第4章 金融资产

训练目标

1. 熟悉金融资产的分类及其判断标准，正确区分不同类别的金融资产。

2. 掌握金融资产的确认和初始计量原理，熟练进行金融资产的会计处理。

3. 掌握实际利率法的计算原理，运用实际利率法确定金融资产的收益。

4. 掌握各类金融资产后续计量，能够正确处理不同金融资产公允价值变动形成的利得或损失。

5. 熟悉不同类型金融资产的转换条件，不得随意进行不同类型金融资产的转换。

6. 熟悉金融资产减值损失的确认条件，正确处理金融资产减值损失。

关键术语

金融资产　交易性金融资产　交易费用　持有至到期投资　应收及预付款项　现金折扣　商业折扣　可供出售金融资产　应收账款　应收票据　坏账准备　公允价值变动损益

练习题

一、单项选择题

1. 企业取得交易性金融资产时，发生的交易费用，应借记的会计科目是(　　)。

A.“交易性金融资产”　　B.“投资收益”

C.“财务费用”　　D.“管理费用”

2. 企业取得交易性金融资产时，支付的价款中所包含的已到付息期但尚未领取的利息或已宣告但尚未发放的现金股利，应记入的会计科目是(　　)。

A.“应收利息”或“应收股利”　　B.“交易性金融资产”

C.“财务费用”　　D.“投资收益”

3. 甲公司于2013年1月31日从证券市场上购入乙公司发行在外的股票100万股作为交易性金融资产，每股支付价款10元（含已宣告但尚未发放的现金股利2元），另支付相关费用15万元，甲公司交易性金融资产取得时的入账价值为（　　）万元。

A. 1 000　　B. 1 015　　C. 800　　D. 815

4. 企业将持有至到期投资部分出售，应将该投资的剩余部分重分类为可供出售金融资产，并将其账面余额与公允价值之间的差额计入（　　）。

A. 公允价值变动损益　　B. 投资收益

C. 营业外收入　　D. 资本公积

5. 某企业于2013年4月5日从证券市场上购入甲公司发行在外的股票200万股作为可供出售金融资产，每股支付价款4元（含已宣告但尚未发放的现金股利0.5元），另支付相关费用12万元，则该企业可供出售金融资产取得时的入账价值是（　　）万元。

A. 700　　B. 800　　C. 712　　D. 812

6. 某企业于2013年11月5日从证券市场上购入某公司发行在外的股票200万股作为可供出售金融资产，每股支付价款5元，另支付相关费用20万元。2013年12月31日，该股票的公允价值为1 050万元，则该企业2013年12月31日应确认的公允价值变动损益是（　　）万元。

A. 0　　B. 收益50　　C. 收益30　　D. 损失50

7. 下列关于交易性金融资产的后续计量表述正确的是（　　）。

A. 按照公允价值进行后续计量，公允价值变动计入当期投资收益

B. 按照摊余成本进行后续计量

C. 按照公允价值进行后续计量，公允价值变动计入资本公积

D. 按照公允价值进行后续计量，公允价值变动计入当期公允价值变动损益

8. 某企业2013年1月1日购入股票作为交易性金融资产，实际支付价款200万元，另支付相关税费6万元，2013年12月31日公允价值为190万元。2013年12月31日该交易性金融资产的公允价值变动损益是（　　）万元。

A. 损失16　　B. 损失10　　C. 0　　D. 收益4

9. 某企业2013年1月1日购入股票作为交易性金融资产，实际支付价款100万元，另支付相关税费5万元，2013年12月31日公允价值为120万元。2013年12月31日该交易性金融资产的账面价值是（　　）万元。

A. 120　　B. 100　　C. 125　　D. 105

10. 下列应收及预付款项中，不通过“其他应收款”科目核算的是（　　）。

A. 应收保险公司的赔款　　B. 存出包装物押金

C. 应向职工收取的各种代付款项　　D. 应向购货方收取的代垫运杂费

11. 计提的坏账准备应借记的会计科目是（　　）。

A. “管理费用”　　B. “财务费用”

C. “营业外支出”　　D. “资产减值损失”

12. 现金折扣采用总价法核算，作为应收账款入账价值的是（　　）。

A. 扣减商业折扣前的金额

B. 扣减现金折扣前的金额

C. 扣减现金折扣后的金额

D. 扣减商业折扣和现金折扣后的金额

13. 企业预收款项情况不多的可以将预收款项直接记入(　　)科目。

A. “应收账款”　B. “应收票据”　C. “应付账款”　D. “应付票据”

14. 甲企业某项应收账款为50 000元,现金折扣条件为“2/10,1/20,n/30”,客户在第20天付款,应给予客户的现金折扣是(　　)元。

A. 1 000　B. 750　C. 500　D. 0

15. 甲企业持有的商业汇票面值为100 000元,票面利率为8%,期限为3个月,该票据的到期值是(　　)元。

A. 100 000　B. 108 000　C. 102 000　D. 124 000

16. 甲企业赊销一批商品,标价为20 000元,商业折扣为10%,增值税税率为17%,现金折扣条件为“2/10,1/20,n/30”。甲企业销售商品时代垫运杂费400元,若甲企业按总价法核算,则应收账款的入账金额是(　　)元。

A. 21 060　B. 200 000　C. 21 460　D. 23 400

17. 甲企业2013年2月10日销售一批商品,应收账款为1 200万元,2013年12月31日该笔应收账款的未来现金流量现值为950万元。在此之前未计提坏账准备,2013年12月31日该笔应收账款应计提的坏账准备是(　　)万元。

A. 300　B. 100　C. 250　D. 0

18. 甲企业销售一批商品给乙企业,收到乙企业商业承兑汇票一张,甲企业在该票据到期前向银行贴现,且银行拥有追索权,则甲企业实际收到的金额与票据金额之间的差额应确认为(　　)。

A. 应收账款　B. 投资收益　C. 财务费用　D. 应收票据

19. 甲公司购入某上市公司2%的普通股,暂不准备随时变现,甲公司应将该项投资划分为(　　)。

A. 交易性金融资产　B. 持有至到期投资

C. 长期股权投资　D. 可供出售金融资产

20. 在已确认减值损失的金融资产价值恢复时,下列金融资产的减值损失不得通过损益转回的是(　　)。

A. 持有至到期投资的减值损失

B. 贷款及应收款项的减值损失

C. 可供出售权益工具投资的减值损失

D. 可供出售债务工具投资的减值损失

二、多项选择题

1. 下列项目中属于金融资产的有(　　)。

A. 库存现金　　B. 应收账款
C. 持有至到期投资　　D. 预收账款

2. 关于应收款项,下列说法中正确的有(　　)。
A. 企业对外销售商品形成的债权,通常按从购货方应收的合同或协议价作为初始确认金额
B. 企业收回应收款项时,应将取得的价款与该应收款项账面价值之间的差额计入当期损益
C. 企业收回应收款项时,应将取得的价款与该应收款项账面余额之间的差额计入当期损益
D. 企业收回应收款项时,应将取得的价款与该应收款项账面价值之间的差额计入所有者权益

3. 下列项目中可作为交易性金融资产的有(　　)。
A. 企业以赚取差价为目的从二级市场购入的股票
B. 企业以赚取差价为目的从二级市场购入的债券
C. 企业以赚取差价为目的从二级市场购入的基金
D. 到期日固定、回收金额固定或可确定,且企业有明确意图和能力持有至到期的非衍生金融资产

4. 下列项目中可作为持有至到期投资的有(　　)。
A. 企业从二级市场购入的固定利率的国债
B. 企业从二级市场购入的浮动利率的公司债券
C. 购入的股权投资
D. 期限较短(1 年以内)的债券投资

5. “交易性金融资产”科目借方登记的内容有(　　)。
A. 交易性金融资产的取得成本
B. 资产负债表日其公允价值高于账面余额的差额
C. 取得交易性金融资产所发生的相关交易费用
D. 资产负债表日其公允价值低于账面余额的差额

6. 下列各项中构成应收账款入账价值的有(　　)。
A. 销售商品时尚未收到的价款　　B. 代购货方垫付的包装费
C. 代购货方垫付的运杂费　　D. 销售商品发生的商业折扣

7. 下列各项中应通过“其他应收款”科目核算的有(　　)。
A. 代购货单位垫付的运杂费　　B. 收到的包装物押金
C. 应收的各种赔款　　D. 应向职工收取的各种垫付款

8. 下列各项业务中应记入“坏账准备”科目贷方的有(　　)。
A. 冲回多提的坏账准备　　B. 当期确认的坏账损失
C. 当期应补提的坏账准备　　D. 已转销的坏账当期又收回

9. 按现行企业会计制度的规定,不能用“应收票据”、“应付票据”核算的票据

有(　　)。

A. 银行汇票　　B. 银行承兑汇票

C. 银行本票　　D. 商业承兑汇票

10. 采用公允价值进行后续计量的金融资产有(　　)。

A. 交易性金融资产　　B. 可供出售金融资产

C. 持有至到期投资　　D. 贷款及应收款项

三、判断题

1. 直接指定为以公允价值计量且其变动计入当期损益的金融资产,应按公允价值计量,相关交易费用应直接计入当期损益。(　　)

2. 处置持有至到期投资时,应将所取得的价款与该投资账面价值之间的差额计入资本公积。(　　)

3. 资产负债表日,企业应将以公允价值计量且其变动计入当期损益的金融资产的公允价值变动计入当期损益,核算时应通过“投资收益”科目。(　　)

4. 处置交易性金融资产时,应将公允价值变动累计额转入投资收益。(　　)

5. 一般企业对应收款项进行减值测试,应根据本单位的实际情况分为单项金额重大和非重大的应收款项。对于单项金额重大的应收款项,应当单独进行减值测试,有客观证据表明其发生了减值的,应当根据未来现金流量现值低于其账面价值的差额,确认减值损失,计提坏账准备。(　　)

6. 在存在商业折扣的情况下,企业应收账款入账金额应按扣除商业折扣后的实际售价确认。(　　)

7. 已确认并转销的坏账损失,以后又收回的,应借记“银行存款”科目,贷记“坏账准备”科目。(　　)

8. “坏账准备”账户期末余额在贷方,在资产负债表上列示时,应列示于流动负债项目中。(　　)

9. 以公允价值计量且其变动计入当期损益的金融资产包括交易性金融资产和可供出售金融资产。(　　)

10. 取得交易性金融资产而发生的交易费用计入交易性金融资产的成本。(　　)

实训题

实训一

目的:实训交易性金融资产的会计核算。

资料:某企业每年6月30日和12月31日对外提供财务报告,该企业2012年发生的有关交易性金融资产业务如下:

1. 2012年5月,该企业以银行存款480万元购入甲公司股票60万股作为交易性金融资产,另支付手续费 10 万元。

2. 2012 年 6 月 30 日,该股票每股公允价值为 7.5 元。

3. 2012 年 8 月 10 日,甲公司宣告分派现金股利,每股 0.2 元。

4. 2012 年 8 月 20 日,该企业收到分派的现金股利。

5. 2012 年 12 月 31 日,该股票的公允价值为每股 8.5 元。

6. 2013 年 1 月 3 日,该企业以 515 万元出售该股票。

要求:

1. 根据资料编制相关的会计分录。

2. 计算该项交易性金融资产的累计损益。

实训二

目的:实训应收票据的会计核算。

资料:甲、乙、丙公司均为增值税一般纳税人,本年度发生业务如下:

1. 2013 年 5 月 10 日,甲公司销售给乙公司一批商品,开出增值税专用发票,价款 200 万元,增值税税额 34 万元,当即收到一张已承兑的不带息商业承兑汇票,期限 6 个月,面值 234 万元。11 月 10 日票据到期时乙公司无力支付票款。

2. 甲公司收到丙公司开来的增值税专用发票上注明的 A 材料价款为 60 000 元、增值税为 10 200 元,款项已于上月预付 75 000 元,余款退回存入银行。

要求:根据资料编制甲公司的会计分录。

实训三

目的:实训坏账准备的计提及其会计核算。

资料:华润公司 2012 年有关资料如下:

1. 2012 年 12 月 1 日应收甲公司账款期初余额为 125 万元,其坏账准备贷方余额为 5 万元。

2. 2012 年 12 月 5 日,向甲公司销售商品 110 件,单价为 1 万元,增值税税率为 17%,单位成本为 0.8 万元。

3. 2012 年 12 月 25 日,因商品质量问题,甲公司要求退回本月 5 日购买的 10 件商品,华润公司同意甲公司的退货要求,办理退货手续并开具红字增值税专用发票,华润公司收到甲公司退回的商品。

4. 2012 年 12 月 26 日,应收甲公司的款项发生坏账损失 2 万元。

5. 2012 年 12 月 28 日,收回前期已确认应收甲公司账款的坏账 1 万元,存入银行。

6. 2012 年 12 月 31 日,华润公司对甲公司账款进行减值测试,确定计提坏账准备的比例为 5%。

要求:根据资料编制有关的会计分录。

实训四

目的:实训持有至到期投资的会计核算。

资料:ABC公司进行持有至到期投资如下:

2010年1月1日从证券市场上购入乙公司2010年1月1日发行的3年期、到期一次还本付息债券300张,债券票面利率为6%,每张面值为1 000元,每张买入价(含交易费用)为1 019元,所有款项均以银行存款支付。购买该债券时的实际利率为5%,按实际利率法计算确认利息收入,ABC公司准备将该批债券持有至到期。

要求:

1. 计算该债券投资的利息调整金额。

2. 编制ABC公司2010年1月1日买入该批债券时的会计分录。

3. 填列下表,计算2010年12月31日该债券投资应调整的利息和应确认的利息收入(计算结果保留整数),并编制相应的会计分录。

单位:元

年份	期初摊余成本	实际利息	现金流入	期末摊余成本
2010				
2011				
2012				

4. 编制2013年1月1日到期收回本息的会计分录。

实训五

目的:实训持有至到期投资的会计核算。

资料:W公司进行持有至到期投资如下:

2009年1月1日从证券市场上购入甲公司2009年1月1日发行的5年期、分期付息、到期还本的债券400张,债券票面利率为8%,每张面值为1 000元,每张买入价(含交易费用)为924元,款项以银行存款支付。购买该债券时的实际利率为10%,按实际利率法计算确认利息收入,W公司准备将该批债券持有至到期。

要求:

1. 计算并填列下表,确认各期的利息收入(计算结果保留整数)。

单位:元

年份	期初摊余成本	实际利息	现金流入	期末摊余成本
2009				
2010				
2011				
2012				
2013				

2. 编制W公司2009年1月1日买入该批债券时的会计分录。

3. 编制2009年年末确认利息收入和调整利息的会计分录。

4. 编制2010年1月1日收到利息的会计分录。

5. 编制2014年1月1日收回本金及最后一期利息的会计分录。

实训六

目的:实训可供出售金融资产的会计核算。

资料:ABC公司2012年10月10日从二级市场上购入股票10 000股,每股市价6元,手续费及佣金3 000元。初始确认时,该公司将其划分为可供出售金融资产。2012年12月31日,该股票市价为8元。2013年4月18日出售,每股市价为8.5元,另支付有关税费5 000元。

要求:根据资料做相关的会计分录。

第5章

长期股权投资

训练目标

1. 理解企业进行股权投资的目的和意义,并熟悉企业合并的种类。

2. 掌握长期股权投资会计科目的内容,正确运用该科目的明细科目。

3. 掌握长期股权投资初始投资成本的确认,并分别就企业合并和非企业合并两种情况加以区别。

4. 掌握长期股权投资的成本法,运用这种方法对投资企业能够对被投资单位实施控制,或投资企业对被投资单位不具有控制、共同控制或重大影响,并且在活跃市场中没有报价、公允价值不能可靠计量的长期股权投资进行会计确认和计量。

5. 掌握长期股权投资的权益法,运用这种方法对投资企业对被投资单位具有共同控制或重大影响下的长期股权投资进行会计确认和计量。

6. 比较长期股权投资的两种后续计量方法,说明它们对企业的资产负债表和利润表产生的影响。

关键术语

长期股权投资控制　共同控制　重大影响　控股合并　吸收合并　新设合并　成本法　权益法　长期股权投资减值准备　同一控制下的企业合并　非同一控制下的企业合并

练习题

一、单项选择题

1. 采用权益法核算长期股权投资的情况下,被投资单位宣告分派现金股利时,投资企业对应分得的现金股利,应当(　　)。

A. 贷记"应收股利"科目　　B. 贷记"投资收益"科目

C. 贷记“长期股权投资”科目　　D. 借记“长期股权投资”科目

2. 长期股权投资采用成本法核算，在被投资单位宣告分派现金股利时，投资企业的会计处理为(　　)。

A. 借记“应收股利”科目，贷记“投资收益”科目

B. 借记“长期股权投资”科目，贷记“投资收益”科目

C. 借记“银行存款”科目，贷记“投资收益”科目

D. 借记“银行存款”科目，贷记“应收股利”科目

3. 在权益法下，当被投资单位增加资本公积，投资企业确认应享有的份额时，贷记的会计科目为(　　)。

A. “投资收益”　　B. “营业外收入”　　C. “资本公积”　　D. “盈余公积”

4. 采用权益法核算时，下列各项会引起投资企业长期股权投资账面价值发生增减变化的是(　　)。

A. 被投资单位接受现金捐赠　　B. 被投资单位接受实物捐赠

C. 被投资单位宣告分派股票股利　　D. 被投资单位宣告分派现金股利

5. 甲公司和乙公司是同属某企业集团的企业，2013 年 1 月 1 日，甲公司以其发行的普通股票(股票面值为每股 1 元，市价为每股 5 元)500 万股，取得乙公司 80% 的普通股权，并准备长期持有。乙公司 2013 年 1 月 1 日的所有者权益账面价值总额为 3 000 万元，可辨认净资产的公允价值为 3 200 万元。甲公司取得乙公司股份时的初始投资成本为(　　)万元。

A. 500　　B. 2 500　　C. 2 400　　D. 2 560

6. 甲公司与乙公司共同出资设立丙公司，经甲、乙双方协议，丙公司的总经理由甲公司委派，董事长由乙公司委派，甲公司的出资比例为 40%，乙公司的出资比例为 60%，股东按出资比例行使表决权。在这种情况下，(　　)。

A. 甲公司采用权益法核算该长期股权投资，乙公司采用成本法核算该长期股权投资

B. 甲公司采用成本法核算该长期股权投资，乙公司采用权益法核算该长期股权投资

C. 甲公司和乙公司均采用成本法核算该长期股权投资

D. 甲公司和乙公司均采用权益法核算该长期股权投资

7. 下列说法不正确的是(　　)。

A. 投资企业能够对被投资单位实施控制的长期股权投资，应采用成本法核算

B. 投资企业对被投资单位具有共同控制的长期股权投资，应采用权益法核算

C. 成本法下，初始投资成本始终不变

D. 成本法下，投资以后年度，被投资单位累计分派的现金股利超过投资以后至上年年末止被投资单位累计实现净利润的，投资企业应相应冲减投资的账面价值

8. A 公司于 2013 年 1 月 1 日用货币资金从证券市场上购入 B 公司发行在外股份的 25%，实际支付价款 500 万元，另支付相关税费 5 万元，B 公司可辨认净资产的公允价值

为 2 200 万元，所有者权益总额为 2 100 万元。A 公司 2013 年 1 月 1 日应确认的损益为(　　)万元。

A. 45　　B. 0　　C. 50　　D. 20

9. 甲公司 2012 年 1 月 2 日以银行存款购入乙公司 10% 的股份，并准备长期持有，采用成本法核算。2012 年 5 月 2 日，乙公司宣告分派 2011 年度的现金股利 100 000 元。2012 年乙公司实现净利润 400 000 元。2013 年 5 月 1 日，乙公司宣告分派 2012 年度的现金股利 200 000 元。甲公司 2013 年确认应收股利时应确认的投资收益为(　　)元。

A. 30 000　　B. 20 000　　C. 40 000　　D. 0

10. A、B 两家公司属于非同一控制下的独立公司。A 公司于 2013 年 7 月 1 日以本公司的固定资产对 B 公司投资，取得 B 公司 60% 的股份。该固定资产原值为 1 500 万元，已计提折旧 400 万元，已提取减值准备 50 万元，2013 年 7 月 1 日该固定资产公允价值为 1 250 万元。B 公司 2013 年 7 月 1 日所有者权益为 2 000 万元。A 公司由于该项投资计入当期损益的金额为(　　)万元。

A. 250　　B. 50　　C. 200　　D. 500

11. A 公司于 2013 年 1 月 1 日用货币资金从证券市场上购入 B 公司发行在外股份的 25%，实际支付价款 500 万元，另支付相关税费 5 万元，B 公司可辨认净资产的公允价值为 2 200 万元。A 公司 2013 年 1 月 1 日按被投资单位可辨认净资产的公允价值份额调整后的长期股权投资成本为(　　)万元。

A. 550　　B. 505　　C. 500　　D. 555

12. 同一控制下的企业合并形成的长期股权投资，合并方以支付现金作为合并对价的，应当在合并日以取得被合并方所有者权益的(　　)作为长期股权投资的初始投资成本。

A. 账面价值　　B. 公允价值

C. 账面价值的份额　　D. 公允价值的份额

二、多项选择题

1. 采用权益法核算时，下列各项中，不会引起长期股权投资账面价值发生变动的有(　　)。

A. 收到被投资单位分派的股票股利

B. 被投资单位实现净利润

C. 被投资单位以资本公积转增资本

D. 投资单位计提长期股权投资减值准备

2. 下列各项中，应采用成本法核算的有(　　)。

A. 投资企业对被投资单位无控制、共同控制且无重大影响

B. 不准备长期持有被投资单位的股份

C. 投资企业控制被投资单位

D. 投资企业对被投资单位产生重大影响

3. 长期股权投资的成本法和权益法的主要区别在于(　　)。
A. 投资时初始计量不同
B. 确认与所有者权益相关的利得和损失不同
C. 确认投资收益的依据不同
D. 收到分派的股利的账务处理不同
4. 对长期股权投资进行后续计量的方法有(　　)。
A. 成本法　　B. 成本与市价孰低法
C. 实际利率法　　D. 权益法
5. 在长期股权投资权益法下,下列各项中,投资企业不进行账务处理的有(　　)。
A. 被投资单位提取法定盈余公积　　B. 被投资单位宣告分派现金股利
C. 被投资单位用资本公积转增资本　　D. 被投资单位用盈余公积转增资本
6. 下列有关长期股权投资的表述中,不正确的有(　　)。
A. 长期股权投资在取得时,应按取得投资的公允价值入账
B. 企业合并取得长期股权投资而发行债券支付的手续费、佣金等应计入初始投资成本
C. 企业取得长期股权投资时,实际支付的价款中包含的已宣告但尚未发放的现金股利应计入初始投资成本
D. 投资企业在确认应享有被投资单位净损益的份额时,均应以被投资单位的账面净利润为基础计算
7. 关于长期股权投资权益法核算,下列说法中正确的有(　　)。
A. 长期股权投资的初始投资成本大于投资时应享有被投资单位可辨认净资产公允价值份额的,不调整长期股权投资的初始投资成本
B. 长期股权投资的初始投资成本小于投资时应享有被投资单位可辨认净资产公允价值份额的,其差额确认为负商誉
C. 长期股权投资的初始投资成本大于投资时应享有被投资单位可辨认净资产公允价值份额的,其差额确认为当期损益
D. 长期股权投资的初始投资成本小于投资时应享有被投资单位可辨认净资产公允价值份额的,其差额应当计入当期损益,同时调整长期股权投资的成本
8. 下列项目中,投资企业不应确认为投资收益的有(　　)。
A. 成本法核算的被投资单位接受的实物资产捐赠
B. 成本法核算的被投资单位宣告的股利属于投资后实现的净利润
C. 权益法核算的被投资单位宣告发放的股票股利
D. 权益法核算的被投资单位实现的净利润
9. 下列条件中,可确认投资企业对被投资单位具有重大影响的有(　　)。
A. 在被投资单位的董事会或类似的权力机构中派有代表
B. 参与被投资单位的政策制定过程
C. 向被投资单位派出管理人员

D. 直接持有被投资单位 20% 以上至 50% 的表决权资本

10. 下列长期股权投资应采用成本法进行核算的有(　　)。

A. 投资企业能够对被投资单位实施控制的长期股权投资

B. 投资企业对被投资单位不具有共同控制或重大影响,且在活跃市场中没有报价、公允价值不能可靠计量的长期股权投资

C. 投资企业对被投资单位具有共同控制或重大影响的长期股权投资

D. 投资企业只直接拥有被投资单位 15% 的表决权资本,但具有实质重大影响

11. 下列情形中,属于控制的有(　　)。

A. 投资企业直接拥有被投资单位 50% 以上的表决权资本

B. 投资企业直接拥有被投资单位 40% 的表决权资本,间接拥有被投资单位 15% 的表决权资本

C. 投资企业直接拥有被投资单位 30% 的表决权资本,投资企业与其他投资者达成协议,代表其他投资者在被投资单位中的权益

D. 投资企业直接拥有被投资单位 40% 的表决权资本,双方签订的投资协议规定,该投资企业可决定被投资单位的生产经营决策

12. 下列关于权益法核算的叙述中,正确的有(　　)。

A. 长期股权投资的初始投资成本大于投资时应享有被投资单位可辨认净资产公允价值的,差额计入商誉之中,同时调整长期股权投资成本

B. 投资企业应按应享有或应分担的被投资单位实现的净损益的份额,确认投资收益同时相应调整长期股权投资的账面价值

C. 如果被投资方发生净亏损,则投资方应先相应冲减长期股权投资的账面价值,账面价值不够冲减的,再冲减资本公积和留存收益

D. 投资企业在确认应享有被投资单位净损益的份额时,被投资单位采用的会计政策及会计期间与投资企业不一致的,应当按照投资企业的会计政策及会计期间对被投资单位的财务报表进行调整,并据以确认投资损益

三、判断题

1. 投资企业拥有被投资单位 20% 以下表决权资本,但具有重大影响的,也应采用权益法进行核算。(　　)

2. 企业处置长期股权投资时,应同时结转已计提的长期投资减值准备。(　　)

3. 长期股权投资核算从权益法改为成本法后,被投资单位宣告分派的现金股利,属于已计入投资账面价值的,应冲减投资成本。(　　)

4. 处置长期股权投资,其账面价值与实际取得价款的差额,应当计入当期损益。(　　)

5. 同一控制下的企业合并形成的长期股权投资,合并方以转让非现金资产作为合并对价的,应当以转让的非现金资产的公允价值作为长期股权投资的初始投资成本。(　　)

6. 由于企业合并所形成的长期股权投资中,合并方为进行企业合并发生的各项直接相关费用均不计入投资成本,而应计入发生当期损益。( )

7. 投资者投入的长期股权投资,应以投资合同或协议规定的价值作为初始投资成本。( )

8. 长期股权投资采用权益法核算时,投资企业按照被投资单位宣告分派的利润或现金股利计算应分得的部分,相应减少长期股权投资的账面价值。( )

9. 采用成本法核算的长期股权投资应当按照初始投资成本计价。( )

10. 在成本法下,当被投资单位发生盈亏时,投资企业并不作账务处理。( )

11. 资产负债表日,长期股权投资发生减值的,应按减值的金额,借记“投资收益”科目,贷记“长期股权投资减值准备”科目。( )

12. 长期股权投资采用权益法核算,其初始投资成本与应享有被投资单位可辨认净资产公允价值份额不同的,其差额应调整投资的成本。( )

13. 投资企业对被投资单位除净损益以外的所有者权益的其他变动,应当调整长期股权投资的账面价值并计入当期损益。( )

14. 在成本法下,投资企业在确认自被投资单位应分得的现金股利或利润后,应当考虑长期股权投资是否发生减值。( )

15. 非同一控制下的企业合并形成的长期股权投资,发生的直接相关费用,直接计入当期损益。( )

实训题

实训一

目的:实训长期股权投资采用成本法进行的核算。

资料:有关长期股权投资的业务如下:

1. MM 公司于 2012 年 1 月 2 日购入 A 公司发行的股票 75 000 股,准备长期持有,从而拥有 A 公司 5% 的股份,对 A 公司不产生重大影响,采用成本法进行后续计量。该股票的每股单价为 6 元,另支付有关费用 6 500 元。

2. 2012 年 3 月 20 日,A 公司宣告分派现金股利 1 500 000 元。

3. 2012 年 3 月 26 日,MM 公司收到 A 公司分来的现金股利 75 000 元。

4. 2012 年度,A 公司实现净利润 140 万元。

5. 2013 年 4 月 10 日,A 公司宣告分派现金股利,每股 1.2 元。

6. 2013 年 4 月 28 日,MM 公司收到现金股利。

要求:编制 MM 公司上述经济业务事项的会计分录。

实训二

目的:实训长期股权投资采用权益法进行的核算。

资料:XY公司有关长期股权投资的业务如下:

1.2012年4月2日,以每股10.4元的价格从证券市场上购入甲公司的股票300万股,每股价格中包含0.4元的已宣告分派的现金股利,另支付相关税费20万元。XY公司购入的股票占甲公司发行在外股份的25%,并准备长期持有,且能够对甲公司的财务和经营政策施加重大影响,采用权益法进行后续计量。

2.2012年4月25日,XY公司收到分来的购买该股票时已宣告分派的现金股利。

3.2012年度,甲公司实现净利润800万元。

4.2013年度,甲公司发生净亏损200万元。

5.2014年2月28日,XY公司将甲公司的股票全部出售,收到价款净额1 900万元,款项已由银行收妥。

要求:编制XY公司上述经济业务事项的会计分录。

(答案中的金额单位用万元表示)

实训三

目的:实训长期股权投资采用权益法进行的核算。

资料:甲公司有关长期股权投资的经济业务如下:

1.2011年1月5日,以950万元(含支付的相关费用1万元)购入乙公司股票400万股,每股面值1元,占乙公司实际发行在外的股票的30%,并对乙公司产生重大影响。2010年12月31日乙公司所有者权益总额为4 000万元。

2.2011年,乙公司实现净利润800万元。

3.2012年3月10日,乙公司宣告分派现金股利200万元。

4.2012年3月28日,甲公司收到现金股利。

5.2012年,乙公司实现净利润460万元。

6.2013年4月18日,乙公司改变投资性房地产计量模式,产生资本公积20万元。

7.2013年,乙公司亏损100万元。

要求:

1.编制甲公司2011年1月5日投资的会计分录。

2.编制甲公司2011年12月31日享有净利润的会计分录。

3.编制甲公司2012年相关的会计分录。

4.编制甲公司2013年相关的会计分录。

(答案中的金额单位用万元表示)

实训四

目的:实训长期股权投资采用权益法进行的核算。

资料:QQ股份有限公司(以下简称QQ公司)2011年至2013年投资业务有关资料如下:

1.2011年1月1日,QQ公司以银行存款购入乙股份有限公司(以下简称乙公司)股票,占乙公司有表决权股份的25%,对乙公司的财务和经营政策具有重大影响。购买价款为300万元,支付的相关费用为10万元。

2011年1月1日,乙公司所有者权益总额为1 600万元。

2.2011年4月2日,乙公司宣告发放2010年度的现金股利200万元,并于2011年4月26日实际发放。

3.2012年5月,乙公司增加资本公积120万元。

4.2011年度,乙公司实现净利润380万元。2012年3月8日,乙公司股东大会批准了董事会提出的预案,同时决定按2011年度实现净利润的10%提取法定盈余公积,同时宣告分派现金股利140万元,并于2012年4月28日实际发放。

5.2012年度,乙公司发生净亏损220万元。

6.2012年12月31日,因乙公司发生严重财务困难,QQ公司预计对乙公司长期股权投资的可收回金额为360万元。

7.2013年4月15日,QQ公司以银行存款600万元购入丙股份有限公司(以下简称丙公司)股票,占丙公司有表决权股份的30%,对丙公司的财务和经营政策具有重大影响。购买当日,丙公司所有者权益总额为1 800万元。

8.2013年5月15日,QQ公司将持有的乙公司的股权全部出售,取得收入372万元,存入银行。

要求:编制QQ公司2011年至2013年投资业务相关的会计分录。

("长期股权投资"科目要求写出明细科目;答案中的金额单位用万元表示)

实训五

目的:实训长期股权投资采用权益法进行的核算。

资料:甲公司为一家上市公司,2012年对外投资有关资料如下:

1.1月20日,甲公司以银行存款购买A公司发行的股票200万股准备长期持有,实际支付价款10 000万元,另支付相关税费120万元,占A公司有表决权股份的40%,能够对A公司施加重大影响,投资时A公司可辨认净资产公允价值为30 000万元。

2.4月17日,甲公司委托证券公司从二级市场购入B公司股票,并将其划分为交易性金融资产,支付价款1 600万元(其中包含宣告但尚未发放的现金股利40万元),另支付相关交易费用4万元。

3.5月5日,甲公司收到B公司发放的现金股利40万元,并存入银行。

4.6月30日,甲公司持有的B公司股票的公允价值下跌为1 480万元。

5.7月15日,甲公司将持有的B公司股票全部出售,售价为1 640万元,款项存入银行,不考虑相关税费。

6.A公司2012年实现净利润5 000万元。

要求:根据上述资料,逐笔编制甲公司相关会计分录。

(答案中的金额单位用万元表示)

第6章 固定资产

训练目标

1. 熟悉固定资产的概念、特征和确认条件。
2. 掌握不同途径下取得固定资产的初始计量及其账务处理。
3. 掌握固定资产各种折旧计算方法。
4. 掌握固定资产后续支出资本化和费用化的判断及其核算。
5. 掌握固定资产处置的核算。
6. 掌握固定资产清查的核算。
7. 了解固定资产减值测试及其减值准备的计提与核算。

关键术语

固定资产　原始价值　净值　折余价值　固定资产折旧　加速折旧法　工作量法　年限平均法　双倍余额递减法　年数总和法　固定资产的后续支出

练习题

一、单项选择题

1. 企业购入一台不需要安装的设备，取得的增值税专用发票上注明设备购买价款 50 000 元、增值税 8 500 元，支付运输费 1 500 元，则该设备的入账价值为(　　)元。

A. 60 000　　B. 58 500　　C. 51 500　　D. 50 000

2. 固定资产改良过程中取得的变价收入应记入(　　)科目。

A. "营业外收入"　　B. "其他业务收入"

C. "管理费用"　　D. "在建工程"

3. 对固定资产计提的折旧对企业的资产负债表的影响是(　　)。

A. 资产净值减少　　B. 负债增加

C. 资产总额不变　　D. 对资产和负债均无影响

4. 企业车间使用的固定资产发生的修理费应记入的会计科目是(　　)。

A. "管理费用"　　B. "制造费用"

C. "生产成本"　　D. "销售费用"

5. 下列项目中,不应计入固定资产入账价值的是(　　)。

A. 厂房建造过程中领用生产用原材料而负担的增值税

B. 固定资产修理发生的费用

C. 购置固定资产发生的运杂费

D. 购置生产用设备支付的增值税

6. 企业某设备采用工作量法计提折旧,设备原价 153 万元,预计生产产品 450 万件,预计净残值率为 3%,本月生产产品 10 万件,则该设备本月折旧额是(　　)万元。

A. 2.67　　B. 2.63　　C. 3.3　　D. 3.4

7. 企业对一建筑物进行改建,其原价为 100 万元,已提折旧为 60 万元,改建过程中发生支出 30 万元,取得变价收入 5 万元,该建筑物改建后的入账价值为(　　)万元。

A. 130　　B. 125　　C. 70　　D. 65

8. 下列固定资产按规定不应计提折旧的是(　　)。

A. 经营租入的设备　　B. 融资租入的设备

C. 经营租出的设备　　D. 未使用的设备

9. 企业购进一台设备,其入账价值为 100 万元,预计净残值为 5.6 万元,预计使用年限为 5 年,采用双倍余额递减法计提折旧,则该设备第三年应计提的折旧额是(　　)万元。

A. 24　　B. 14.4　　C. 20　　D. 8

10. 企业 2013 年 6 月 15 日自行建造的生产线投入使用,其建造成本为 370 万元,预计使用年限为 5 年,预计净残值为 10 万元,采用年数总和法计提折旧,2013 年该设备应计提的折旧额是(　　)万元。

A. 120　　B. 70　　C. 60　　D. 74

二、多项选择题

1. 购入固定资产的入账价值包括(　　)。

A. 运杂费　　B. 买价　　C. 途中保险费　　D. 进口关税

2. 下列固定资产中,按会计制度规定应计提折旧的有(　　)。

A. 季节性停用的机器设备　　B. 融资租入的固定资产

C. 不需用的机器设备　　D. 已提足折旧的固定资产

3. 下列税金中,构成企业固定资产价值的有(　　)。

A. 购买生产设备支付的增值税　　B. 支付的耕地占用税

C. 进口设备的关税　　D. 支付的车船税

4. 下列项目需通过"在建工程"科目核算的有(　　)。

A. 不需要安装的固定资产　　B. 需要安装的固定资产

C. 固定资产的改扩建　　D. 在建工程人员的工资

5. “固定资产清理”科目贷方登记的项目有(　　)。

A. 转入清理的固定资产的净值　　B. 清理的固定资产的变价收入

C. 结转的固定资产清理净损失　　D. 结转的清理净收益

6. 影响固定资产折旧的因素有(　　)。

A. 固定资产的预计使用年限　　B. 固定资产取得时的原始价值

C. 固定资产的净残值　　D. 固定资产减值准备

7. 下列项目中,应计入固定资产入账价值的有(　　)。

A. 经营租入固定资产改良支出

B. 在建工程领用本期产品应交的消费税

C. 在建工程期间盘亏工程物资净损失

D. 在建工程发生的工程管理费

8. 下列各项业务中,引起固定资产账面价值增减变动的有(　　)。

A. 经营租入固定资产的改良支出　　B. 对固定资产进行改扩建

C. 对固定资产进行大修理　　D. 计提固定资产折旧

9. 确定固定资产处置损益时,应考虑的因素有(　　)。

A. 固定资产账面价值　　B. 应交营业税

C. 应收保险赔偿　　D. 清理费用

10. 双倍余额递减法和年数总和法这两种方法计算固定资产折旧,其共同点有(　　)。

A. 属于加速折旧法　　B. 每期折旧率固定

C. 前期折旧高,后期折旧低　　D. 不考虑净残值

三、判断题

1. 固定资产减值损失一经确认,在以后期间不得转回。(　　)

2. 工作量法计提折旧的特点是每年提取的折旧额相等。(　　)

3. 企业应当根据税法规定计提折旧,合理选择固定资产折旧方法。(　　)

4. 对固定资产的不同组成部分,只要给企业带来经济利益的预期实现方式不同,就应作为单项固定资产处理。(　　)

5. 按双倍余额递减法计提的折旧额在任何时期都大于按年限平均法计提的折旧额。(　　)

6. 以经营租赁方式租出固定资产,应由出租方计提固定资产折旧。(　　)

7. 与固定资产有关的后续支出,符合会计准则规定的固定资产确认条件的,应当计入固定资产成本;不符合会计准则规定的固定资产确认条件的,应当在发生时计入当期损益。(　　)

8. 固定资产的入账价值中应当包括企业为取得固定资产而缴纳的契税、耕地占用

税、车辆购置税等相关税费。(　　)

9. 在建工程达到预定可使用状态前试运转所发生的净支出,应当计入营业外支出。(　　)

10. 企业对固定资产进行更新改造时,应当将该固定资产账面价值转入在建工程,并在此基础上核算经更新改造后的固定资产原价。(　　)

实训题

实训一

目的:实训固定资产取得的会计核算。

资料:某企业发生下列固定资产的取得业务:

1. 购入复印机一部,价值 40 000 元,增值税 6 800 元,运杂费 200 元。价款以银行存款支付,复印机已交付办公室使用。

2. 购入一条生产线,价值 800 000 元,增值税 136 000 元,途中运杂费 4 000 元。价款签发商业汇票支付,设备交付生产车间安装。

3. 以银行存款支付安装费 3 000 元,应付安装工人工资 1 000 元。

4. 设备已安装完毕,交付车间使用。

5. 接受甲公司投入设备一台,对方账面价值 50 000 元,双方协商作价 40 000 元,另以现金支付运杂费 400 元。

6. 以银行存款预付出包工程进度款 200 000 元。

7. 基建部门办理办公楼移交手续,工程造价 500 000 元。

8. 以银行存款支付车辆购置税 10 000 元。

要求:逐项编制有关固定资产的会计分录。

实训二

目的:实训自营工程的会计核算。

资料:某企业发生下列与自营建筑安装工程相关的经济业务:

1. 用银行存款购入为工程准备的各种物资,取得的增值税专用发票上注明价款 100 000元,增值税税率为 17%。

2. 工程实际领用工程物资(含增值税)105 300 元。

3. 工程领用企业生产用原材料一批,实际成本 20 000 元,增值税税率为 17%。

4. 分配工程人员工资 40 000 元。

5. 辅助生产车间为工程提供劳务,支出 3 000 元。

6. 工程达到预定可使用状态并交付使用。

要求:根据上述资料,计算固定资产入账价值,并编制相关会计分录。

实训三

目的:实训固定资产折旧的计算和会计核算。

资料:企业购入一台需要安装的设备,取得的增值税专用发票上注明价款1 000万元、增值税170万元,运杂费30万元,以银行存款支付。安装过程中领用工程物资100万元,应付安装人员薪酬20万元。当年年末安装完毕投入生产车间使用。该设备预计使用5年,预计净残值率为5%,采用年数总和法计提折旧。

要求:

1. 根据资料做相关会计分录。

2. 计算各年计提的折旧,并做第一年折旧分录。

(答案中的金额单位用万元表示)

实训四

目的:实训固定资产折旧的会计核算。

资料:2012年4月6日企业购入一台不需要安装的设备,价款1 000万元,增值税170万元,另支付运输费20万元、包装费10万元,款项均以银行存款支付。该设备即日投入基本生产车间使用,预计可使用5年,预计净残值50万元,采用双倍余额递减法计提折旧。假定不考虑固定资产减值因素。

要求:

1. 编制企业购入设备时的会计分录。

2. 计算企业2012年度和2013年度的折旧额。

3. 编制企业2013年年末计提折旧的会计分录。

(假定折旧每年年末计提一次;答案中的金额单位用万元表示)

实训五

目的:实训固定资产处置的会计核算。

资料:企业购入的设备于2010年12月12日安装完毕,达到预定可使用状态,其入账价值为1 320万元,预计使用5年,预计净残值率为5%,采用年限平均法计提折旧。2012年8月30日将该设备出售,支付清理费用10万元,取得价款800万元。

要求:根据资料编制固定资产清理的会计分录。

实训六

目的:综合实训固定资产的会计核算。

资料:甲公司对机器设备采用年数总和法计提折旧。

2009年12月10日,甲公司购买一台需要安装的管理用设备,该设备价值(含增值税)为2 200万元。在设备安装期间,领用自产商品一批,价值100万元,应计入成本的销项税额为17万元,发生工人工资2万元。12月28日投入使用。

该设备预计可使用5年,预计净残值为69万元。

2013年4月30日,企业将该设备出售,取得收入371万元,另支付清理费用2万元,款项均通过银行存款支付。(假设企业所得税税率为25%)

要求:

1. 计算该设备的入账价值及2010年、2011年、2012年的折旧额。
2. 编制甲公司取得固定资产的会计分录。
3. 编制甲公司出售固定资产的会计分录。

实训七

目的:综合实训固定资产的会计核算。

资料:甲公司2013年3月份固定资产增减业务如下:

1. 购买一台设备供一车间使用,采用工作量法计提折旧。该设备原价60万元,预计总工作时数为20万小时,预计净残值为5万元。该设备2013年4月份工作时数为4 000小时。
2. 厂部新办公楼交付使用,采用年限平均法计提折旧。该办公楼原价620万元,预计使用年限为20年,预计净残值为20万元。
3. 公司总部的一辆轿车使用期满予以报废。该轿车原价37万元,预计使用年限为6年,净残值为1万元,采用年限平均法计提折旧。

假定2013年4月份未发生固定资产增减业务,不考虑其他固定资产的折旧。

要求:

1. 计算甲公司2013年4月份应计提的折旧额。
2. 编制甲公司2013年4月份计提折旧的会计分录。

(答案中的金额单位用万元表示)

第7章 无形资产及其他资产

训练目标

1. 熟悉无形资产的概念和特点，充分认识无形资产在企业价值中的重要性。
2. 熟悉无形资产的分类，明确不同无形资产的含义，树立保护无形资产的意识。
3. 熟悉长期待摊费用的含义，正确把握长期待摊费用的核算范围。
4. 熟悉不同渠道取得的无形资产，正确进行无形资产的初始确认和后续计量。
5. 区别无形资产出售、出租和报废，掌握无形资产处置和报废的核算。

关键术语

无形资产　专利权　非专利技术　商标权　著作权　土地使用权　特许权　无形资产的应摊销金额　其他资产　长期待摊费用　研发支出

练习题

一、单项选择题

1. 自行研究开发无形资产，在研制过程中发生的人员工资应记入（　　）科目。

A. "管理费用"　B. "无形资产"　C. "其他业务成本"　D. "研发支出"

2. 某企业出售一项3年前取得的专利权，该专利权取得时的成本为20万元，按直线法10年摊销，出售时取得收入20万元，营业税税率为5%。则出售该项专利权时影响当期的损益为（　　）万元。

A. 5　B. 6　C. 13　D. 20

3. 下列项目中，应确认为无形资产的是（　　）。

A. 企业自创商誉　B. 企业内部产生的品牌

C. 企业拥有的高技术人才　D. 企业购入的专利权

4. 企业出售无形资产发生的净损失，应记入（　　）科目。

A.“营业外支出” B.“其他业务成本”
C.“主营业务成本” D.“管理费用”

5. 关于企业内部研究开发项目的支出,下列说法中错误的是( )。
A. 企业内部研究开发项目的支出,应当区分研究阶段的支出与开发阶段的支出
B. 企业内部研究开发项目研究阶段的支出,应当于发生时计入当期损益
C. 企业内部研究开发项目开发阶段的支出,应确认为无形资产
D. 企业内部研究开发项目开发阶段的支出,可能确认为无形资产,也可能确认为费用

6. 按照现行会计制度的规定,下列各项中,企业应作为无形资产入账的是( )。
A. 开办费 B. 为获得土地使用权支付的土地出让金
C. 广告费 D. 开发新技术过程中发生的研究开发费

7. 企业转让无形资产使用权而发生的应交营业税,应记入( )科目。
A.“营业税金及附加” B.“其他业务成本”
C.“管理费用” D.“营业外支出”

8. 企业出租无形资产取得的收入,应当计入( )。
A. 主营业务收入 B. 其他业务收入
C. 营业外收入 D. 投资收益

9. 自创并经法律程序申请取得的无形资产,其申请登记费应计入( )。
A. 管理费用 B. 无形资产
C. 销售费用 D. 其他业务成本

10. 用于产品生产的专利权的摊销,应计入( )。
A. 管理费用 B. 制造费用
C. 销售费用 D. 其他业务成本

11. 在会计期末,企业所持有的无形资产经过减值测试,表明已经发生减值,则需要计提减值准备,应借记( )科目,贷记“无形资产减值准备”科目。
A.“管理费用” B.“公允价值变动损益”
C.“营业外支出” D.“资产减值损失”

12. 对使用寿命有限的无形资产进行摊销时,应贷记的会计科目为( )。
A.“累计摊销” B.“公允价值变动损益”
C.“无形资产” D.“资产减值损失”

13. 甲公司出售一项所拥有的无形资产,取得收入300万元,营业税税率为5%。该无形资产取得时实际成本为400万元,已摊销120万元,已计提减值准备50万元。甲公司出售该项无形资产应计入当期损益的金额为( )万元。
A. -100 B. -20 C. 300 D. 55

14. 如果无法区分研究阶段和开发阶段的支出,应当在发生时( )。
A. 全部费用化,计入当期损益
B. 全部确认为无形资产

C. 按适当比例划分计入当期损益和无形资产的金额

D. 由企业自行决定计入当期损益或者无形资产

15. 甲公司2007年1月1日购入一项无形资产。该无形资产的实际成本为500万元,摊销年限为10年,采用直线法摊销。2011年12月31日,该无形资产发生减值,预计可收回金额为180万元。计提减值准备后,该无形资产原摊销年限不变。2012年12月31日,该无形资产的账面价值为(　　)万元。

A. 500　　B. 214　　C. 200　　D. 144

二、多项选择题

1. 无形资产的确认,应同时满足的条件有(　　)。

A. 该资产产生的经济利益很可能流入企业　B. 该资产的成本能够可靠地计量

C. 符合无形资产的定义　D. 该资产的收入能够可靠地计量

2. 企业自行开发并取得的专利权发生的下列费用,如果开发成功,则可以计入专利权入账价值的有(　　)。

A. 发生的注册费　B. 发生的聘请律师费

C. 发生的材料费用　D. 发生的开发人员的人工费

3. 下列各项中,会引起无形资产账面价值发生增减变动的有(　　)。

A. 对无形资产计提减值准备　B. 发生无形资产后续支出

C. 摊销无形资产成本　D. 转让无形资产所有权

4. 关于无形资产的后续计量,下列说法中正确的有(　　)。

A. 使用寿命不确定的无形资产应按一定方式摊销

B. 使用寿命不确定的无形资产不应摊销

C. 无形资产的摊销方法只有直线法

D. 企业选择的无形资产摊销方法,应当反映与该项无形资产有关的经济利益的预期实现方式

5. 影响出售无形资产的净损益的项目包括(　　)。

A. 累计摊销　B. 出售无形资产取得的收入

C. 无形资产的成本　D. 出售无形资产时应缴纳的税金

6. 下列各项支出中,应计入无形资产成本的有(　　)。

A. 购入专利权发生的支出　B. 购入非专利技术发生的支出

C. 取得土地使用权发生的支出　D. 研究开发新技术发生的支出

7. 按现行制度的规定,下列各种提法中,正确的有(　　)。

A. 使用寿命有限的无形资产,其摊销时应假定残值为零

B. 无形资产应自取得次月起进行摊销

C. 无形资产应采用摊余价值与可收回金额孰低进行期末计价

D. 企业的研究开发费用应作为无形资产核算

8. 下列项目,属于会计上的无形资产的有(　　)。

A. 专利权　　B. 非专利技术　　C. 商誉　　D. 土地使用权

9. 无形资产的摊销金额，可以记入(　　)科目。

A. "管理费用"　　B. "其他业务成本"　　C. "研发支出"　　D. "制造费用"

10. 关于企业取得的土地使用权，处理正确的有(　　)。

A. 通常应当按照取得时所支付的价款及相关税费确认无形资产

B. 土地使用权用于自行开发建造厂房等地上建筑物时，相关的土地使用权账面价值转入在建工程成本，与地上建筑物合并计算其成本

C. 土地使用权用于建造对外出售的房屋建筑物时，相关的土地使用权价值应当计入所建造的房屋建筑物成本

D. 企业改变土地使用权的用途，停止自用土地使用权而用于赚取租金或获取资本增值时，不需要对其进行相关处理，仍作为无形资产核算

三、判断题

1. 已计入各期损益的研究与开发费用，在相关技术依法申请取得专利权时，应予以转回并计入专利权的入账价值。(　　)

2. 企业发生的开办费应通过"长期待摊费用"科目，并于开始生产经营的当月起，一次性计入当期损益。(　　)

3. 无形资产在确认后发生后续支出，应在发生时计入无形资产的价值。(　　)

4. 企业取得的使用寿命有限的无形资产均应按直线法摊销。(　　)

5. 不论无形资产的用途如何，其摊销价值一律记入"管理费用"科目。(　　)

6. 企业应将其所拥有的一切专利权都予以资本化，作为无形资产核算。(　　)

7. 出售无形资产取得的收入应计入其他业务收入。(　　)

8. 使用寿命有限的无形资产，应当自无形资产取得当月起分期进行摊销。(　　)

9. 投资者投入的无形资产，以投资各方确认的价值作为入账价值。(　　)

10. 企业内部研究开发项目研究阶段的支出，应当于发生时计入当期损益(管理费用)。(　　)

11. 无法区分研究阶段和开发阶段的支出，应当在发生时予以费用化，全部计入当期损益。(　　)

12. 无形资产无法合理确定为企业带来经济利益的期限的，才能将其作为使用寿命不确定的无形资产。(　　)

13. 无形资产预期不能为企业带来经济利益的，应当将该无形资产的账面价值予以转销，其账面价值转作当期损益(营业外支出)。(　　)

14. 企业至少应当于每年年度终了，对使用寿命有限的无形资产的使用寿命及摊销方法进行复核，无形资产的使用寿命及摊销方法与以前估计不同的，应当改变摊销期限和摊销方法。(　　)

15. 企业自创商誉以及内部产生的品牌、报刊名等，不应确认为无形资产。(　　)

16. 企业应在会计期末对取得的所有无形资产进行摊销。(　　)

实训题

实训一

目的:实训无形资产的取得、摊销和转让的会计处理。

资料:A企业2009年1月10日从B公司购入一项产品生产专利权,以银行存款支付买价和有关费用共计24万元。该专利权的法定有效年限为15年,合同规定的使用年限为10年。2012年6月12日,A企业将该无形资产出售,取得收入18万元,存入银行。出售无形资产的营业税税率为5%,不考虑其他税费。无形资产摊销采用直线法。

要求:

1. 编制取得无形资产的会计分录。
2. 编制每月摊销无形资产的会计分录。
3. 编制出售无形资产的会计分录。

实训二

目的:实训无形资产的取得、摊销和转让的会计处理。

资料:甲公司从2006年开始自行研制和开发一项产品生产专利,有关资料如下:

1. 2006年发生研究费用18 000元,2007年发生研究开发费用26 000元(其中符合资本化的费用支出为22 000元),于2007年年底完成了整个项目的研究开发工作,并开始申请专利权。

2. 2008年1月共发生律师费3 000元、注册费1 000元,并取得专利权。该专利权法定使用年限为10年,预计使用年限为12年,采用直线法进行摊销。

3. 为了保证该项专利权的先进性,从2009年4月初开始进行后续研发工作,到2009年年末共发生后续费用20 000元,全部列入费用。假定甲公司研究开发过程中发生的各项费用均以银行存款支付。

4. 2012年7月10日,因公司生产转型,公司将该无形资产出售,取得收入8万元,营业税税率为5%。

假定该项专利权无残值,使用直线法摊销。

要求:

1. 编制2006年、2007年的相关会计分录。
2. 编制2008年取得专利权和当年摊销(假定不分月摊销)的会计分录。
3. 编制2009年无形资产的后续支出及当年摊销(假定不分月摊销)的会计分录。
4. 编制2012年出售专利权的会计分录。

实训三

目的:综合实训无形资产的取得、摊销和转让的会计处理。

资料：

1. 某企业购入土地使用权，共支付 1 000 000 元存款。

2. 星海公司接受 A 公司投资一项专利权，双方评估确认价值 200 000 元，A 公司享有星海公司 10% 的股权。投资当日星海公司的所有者权益公允价值为 150 万元。

3. 某企业自行研究开发专利权一项，以银行存款支付研究开发费 80 000 元。

4. 某企业依法申请商标权一项，共发生律师费 10 000 元、注册费 3 000 元。

5. 某企业出租专有技术，收取租金 10 000 元，应交营业税 500 元。

要求：逐项编制相关会计分录。

实训四

目的：综合实训无形资产的取得、摊销和转让的会计处理。

资料：精诚公司有关无形资产的业务如下：

1. 精诚公司 2009 年 2 月 1 日开始自行研究开发一项新产品专利技术，在研究开发过程中发生材料费 500 000 元、人工工资 200 000 元，支付其他费用 300 000 元，共计 1 000 000元，其中，符合资本化条件的支出为 720 000 元。2009 年年末专利技术获得成功，达到预定用途。相关法律规定该专利权的有效年限为 10 年，精诚公司估计该专利权的预计使用年限为 6 年，并采用直线法摊销该项无形资产（假定该专利权自 2010 年开始摊销）。

2. 2011 年 12 月 31 日，由于市场发生不利变化，致使该专利权发生减值，精诚公司预计其可收回的金额为 210 000 元。假定无形资产摊销剩余年限不变，摊销方法仍为直线法。

3. 2012 年 7 月 10 日精诚公司出售该专利权，收到价款 250 000 元，已存入银行，营业税税率为 5%。

要求：

1. 编制精诚公司 2009 年度有关研究开发专利权的会计分录。

2. 编制精诚公司 2010 年摊销无形资产（假定按年摊销）的会计分录。

3. 编制精诚公司 2011 年年末计提减值准备的会计分录。

4. 编制精诚公司 2012 年与该专利权相关的会计分录。

第8章 投资性房地产

训练目标

1. 熟悉投资性房地产的定义、特点和范围。
2. 掌握投资性房地产的初始计量和后续计量。
3. 掌握投资性房地产的转换核算。
4. 掌握投资性房地产的处置核算。

关键术语

投资性房地产　成本模式计量　公允价值模式计量　房地产的转换　投资性房地产的处置　投资性房地产累计折旧　投资性房地产累计摊销

练习题

一、单项选择题

1. 按照《企业会计准则第 3 号——投资性房地产》的规定，下列属于投资性房地产的是(　　)。

A. 房地产开发企业销售的商品房　　B. 企业生产经营用的厂房、车间

C. 企业融资租赁出租的建筑物　　D. 企业用于经营性出租的办公楼

2. 下列资产项目中，属于投资性房地产的是(　　)。

A. 用于生产产品的建筑物

B. 已出租的土地使用权

C. 已开发完成将用于出租的商品房

D. 超过闲置期，正接受土地管理部门处理的土地使用权

3. 下列项目中，不属于投资性房地产的是(　　)。

A. 已出租的建筑物

B. 持有并准备增值后转让的土地使用权

C. 已出租的土地使用权

D. 以经营租赁方式租入再转租给其他单位的建筑物

4. 关于投资性房地产,下列说法中正确的是(   )。

A. 投资性房地产是指为赚取租金或取得资本增值,或者两者兼有而持有的房产、地产和机器设备等

B. 认定的闲置土地不属于投资性房地产

C. 一项房地产,部分用于赚取租金或资本增值,部分用于生产商品、提供劳务或经营管理,即使用于赚取租金或资本增值的部分能够单独计量和出售,也不可以确认为投资性房地产

D. 企业计划用于出租但尚未出租的建筑物,属于投资性房地产

5. 自用房地产转换为采用公允价值模式计量的投资性房地产,转换日该房地产公允价值大于账面价值的差额,正确的会计处理是(   )。

A. 计入资本公积　　　　B. 计入期初留存收益

C. 计入营业外收入　　　　D. 计入公允价值变动损益

6. 投资性房地产进行初始计量时,不正确的处理方法是(   )。

A. 无论采用公允价值模式还是成本模式进行后续计量,均应按照成本进行初始计量

B. 自行建造投资性房地产的成本,由建造该项资产达到预定可使用状态前所发生的必要支出构成

C. 对投资性房地产已采用公允价值模式进行后续计量,可以转换为采用成本模式计量

D. 对投资性房地产已采用成本模式进行后续计量,可以转换为采用公允价值模式计量

7. 2013 年 1 月 1 日,甲公司购入一幢建筑物用于出租,取得的发票上注明价款为 100 万元,办理产权证书的费用为 5 万元,款项以银行存款支付。购入该建筑物发生的谈判费用为 0.2 万元,差旅费为 0.3 万元。该投资性房地产的入账价值为(   )万元。

A. 100　　　　B. 105　　　　C. 100.5　　　　D. 105.5

8. 与投资性房地产有关的后续支出,不满足投资性房地产确认条件的,应当在发生时计入当期损益。企业对投资性房地产进行日常维修时,发生的支出应借记(   )科目。

A. “其他业务成本”　　　　B. “管理费用”

C. “在建工程”　　　　D. “营业外支出”

9. 下列有关投资性房地产的计量模式,正确的说法是(   )。

A. 企业可以任意选择采用成本模式或者公允价值模式进行后续计量

B. 企业对所有投资性房地产进行后续计量时,可以同时采用成本模式和公允价值模式两种计量模式

C. 成本模式转为公允价值模式的，应当作为会计政策变更处理

D. 公允价值模式转为成本模式的，应当作为会计政策变更处理

10. 某企业采用成本模式对投资性房地产进行后续计量。2012 年 9 月 20 日达到预定可使用状态的自行建造的办公楼对外出租，该办公楼建造成本为 2 600 万元，预计使用年限为 25 年，预计净残值为 100 万元。在采用年限平均法计提折旧的情况下，2012 年该办公楼应计提的折旧额为(　　)万元。

A. 0　　B. 25　　C. 100　　D. 50

11. 某企业投资性房地产采用公允价值计量模式。2013 年 1 月 1 日购入一幢建筑物用于出租，该建筑物的成本为 510 万元，用银行存款支付。建筑物预计使用年限为 20 年。预计净残值为 10 万元。2013 年 6 月 30 日，该建筑物的公允价值为 508 万元。2013 年 6 月 30 日应作的会计处理为(　　)。

A. 借：其他业务成本
　　贷：累计折旧

B. 借：管理费用
　　贷：累计折旧

C. 借：投资性房地产
　　贷：公允价值变动损益

D. 借：公允价值变动损益
　　贷：投资性房地产

12. 关于投资性房地产的会计处理，下列说法正确的是(　　)。

A. 对投资性房地产采用成本模式进行后续计量时，也应按固定资产或无形资产的有关规定，按期计提折旧或进行摊销，借记"管理费用"科目，贷记"投资性房地产累计折旧"科目

B. 投资性房地产存在减值迹象的，应当按资产减值有关规定，借记"资产减值损失"科目

C. 取得的租金收入，借记"银行存款"科目，贷记"其他业务收入"科目

D. 外购投资性房地产达到预定可使用状态时，按公允价值，借记"投资性房地产"科目，贷记"银行存款"、"在建工程"等科目

13. 投资性房地产不论是采用成本模式计量还是采用公允价值模式计量，取得的租金收入均通过(　　)科目核算。

A. "营业外收入"　　B. "投资收益"

C. "其他业务成本"　　D. "其他业务收入"

14. 下列各项中，能够影响企业当期损益的是(　　)。

A. 采用成本计量模式，期末投资性房地产的可收回金额高于账面价值

B. 采用成本计量模式，期末投资性房地产的可收回金额高于账面余额

C. 采用公允价值计量模式，期末投资性房地产的公允价值高于账面余额

D. 自用的房地产转换为采用公允价值模式计量的投资性房地产时，转换日房地产的公允价值大于账面价值

15. 关于投资性房地产的转换，在公允价值模式下，下列说法正确的是(　　)。

A. 采用公允价值模式计量的投资性房地产转换为自用房地产时，应当以其转换当日的公允价值作为自用房地产的原始价值，新的原始价值与转换日投资性

房地产账面价值的差额计入当期损益

B. 采用公允价值模式计量的投资性房地产转换为自用房地产时，应当以其转换当日的公允价值作为自用房地产的原始价值，新的原始价值与转换日投资性房地产账面价值的差额直接计入所有者权益

C. 自用房地产或存货转换为采用公允价值模式计量的投资性房地产，该项投资性房地产应当按照转换日的公允价值计量，公允价值与原账面价值的差额计入当期损益

D. 自用房地产或存货转换为采用公允价值模式计量的投资性房地产，该项投资性房地产应当按照转换日的公允价值计量，公允价值与原账面价值的差额直接计入所有者权益

16. 2013 年 3 月 1 日，企业将一项采用成本模式计量的投资性房地产转换为固定资产。该投资性房地产的账面余额为 150 万元，已计提折旧 50 万元，已计提减值准备 20 万元。该房地产公允价值为 120 万元。3 月 1 日，固定资产的入账价值为（　　）万元。

A. 150　　B. 80　　C. 120　　D. 100

17. 甲公司将一幢自用的厂房作为投资性房地产对外出租，并采用成本模式对投资性房地产进行后续计量。该厂房的账面原值为 1 000 万元，已计提折旧 400 万元，已计提减值准备 100 万元。转换当日该厂房的公允价值为 480 万元。则该投资性房地产转换后，“投资性房地产”科目的账面余额为（　　）万元。

A. 480　　B. 500　　C. 600　　D. 1 000

18. ABC 公司将一办公楼转换为采用公允价值模式计量的投资性房地产，该办公楼的账面原值为 5 000 万元，已计提的累计折旧为 100 万元，已计提的固定资产减值准备为 200 万元，转换日的公允价值为 6 000 万元，则计入“资本公积——其他资本公积”科目的金额为（　　）万元。

A. 6 000　　B. 4 700　　C. 5 000　　D. 1 300

19. 存货转换为采用公允价值模式计量的投资性房地产，投资性房地产应当按照转换当日的公允价值计量。转换当日的公允价值小于原账面价值时，其差额记入的科目是（　　）。

A. “营业外支出”　　B. “公允价值变动损益”

C. “投资收益”　　D. “其他业务收入”

20. 下列各项中，说法不正确的是（　　）。

A. 采用成本模式计量的投资性房地产的折旧（或摊销）费用应计入其他业务成本

B. 企业处置投资性房地产时，应当将处置收入计入其他业务收入

C. 企业处置采用公允价值模式计量的投资性房地产时，原转换日计入资本公积的金额应转入投资收益

D. 企业处置采用公允价值模式计量的投资性房地产时，应当将累计公允价值变动转入当期损益（其他业务成本）

二、多项选择题

1. 下列不属于投资性房地产的有(　　)。
   A. 以经营租赁方式租入再转租的建筑物
   B. 企业拥有并自行经营的饭店
   C. 企业持有并准备增值后转让的土地使用权
   D. 企业采用融资租赁方式出租的房地产
2. 按照投资性房地产准则的规定,下列属于投资性房地产的有(　　)。
   A. 企业生产经营用的土地使用权
   B. 企业出租给本企业职工居住并按照市场价格收取租金的宿舍
   C. 房地产开发企业将作为存货的商品房以经营租赁方式出租
   D. 房地产开发企业建造的楼盘部分出租,部分销售,出租部分能够单独计量
3. 下列交易或事项的会计处理中,符合投资性房地产准则规定的有(　　)。
   A. 已出租的投资性房地产租赁期届满,暂时空置但继续用于出租的,仍作为投资性房地产
   B. 投资性房地产主要用于出租
   C. 持有待增值的炒楼用房地产不作为投资性房地产
   D. 闲置土地属于投资性房地产
4. 投资性房地产采用公允价值模式进行计量需要设置的账户有(　　)。
   A. "投资性房地产累计折旧"　　B. "投资性房地产减值准备"
   C. "投资性房地产"　　D. "公允价值变动损益"
5. 关于投资性房地产的处理,下列说法正确的有(　　)。
   A. 一般情况下,同一企业只能采用一种计量模式对所有投资性房地产进行后续计量,不得同时采用两种计量模式
   B. 已采用公允价值模式计量的投资性房地产,不得从公允价值模式转为成本模式
   C. 投资性房地产由成本模式变为公允价值模式计量,属于会计政策变更
   D. 采用公允价值模式对投资性房地产进行后续计量的企业,对其拥有的任何投资性房地产均不得采用成本模式进行后续计量
6. 关于投资性房地产的计量模式,下列说法中正确的有(　　)。
   A. 一般情况下,已经采用公允价值模式计量的同一项投资性房地产,不得从公允价值模式转为成本模式
   B. 已经采用成本模式计量的投资性房地产,不得从成本模式转为公允价值模式
   C. 采用公允价值模式计量的,不对投资性房地产计提折旧或进行摊销
   D. 企业对投资性房地产的计量模式一经确定不得随意变更
7. 下列关于投资性房地产的后续计量表述正确的有(　　)。
   A. 投资性房地产采用公允价值模式进行后续计量的,不计提折旧或进行摊销
   B. 采用成本模式进行后续计量的投资性房地产,应当按月计提折旧或摊销,记入

“其他业务成本”科目

C. 采用成本模式进行后续计量的投资性房地产,经减值测试后确定发生减值的,应当计提减值准备

D. 如果已经计提减值准备的投资性房地产的价值又得以恢复,应当转回

8. 企业有确凿证据表明房地产用途发生改变,应当将投资性房地产转换为其他资产或者将其他资产转换为投资性房地产的有(　　)。

A. 投资性房地产开始自用

B. 作为存货的房地产改为出租

C. 自用建筑物停止自用,改为出售

D. 自用土地使用权停止自用,用于资本增值

9. 甲公司将采用公允价值模式计量的投资性房地产转为自用固定资产,转换日该投资性房地产的公允价值为2 000万元,转换日之前“投资性房地产——成本”科目余额为2 300万元,“投资性房地产——公允价值变动”科目贷方余额为200万元,则转换日正确的处理方法为(　　)。

A. 计入“投资收益”科目借方100万元

B. 计入“资本公积”科目贷方300万元

C. 计入“公允价值变动损益”科目借方100万元

D. 计入“固定资产”科目借方2 000万元

10. 企业将自用房地产或存货转换为采用公允价值模式计量的投资性房地产,下列说法中正确的有(　　)。

A. 自用房地产或存货转换为采用公允价值模式计量的投资性房地产,该项投资性房地产应当按照转换当日的公允价值计量

B. 自用房地产或存货转换为采用公允价值模式计量的投资性房地产,该项投资性房地产应当按照转换当日的账面价值计量

C. 转换当日的公允价值小于原账面价值的,其差额计入当期损益

D. 转换当日的公允价值和原账面价值的差额,作为公允价值变动损益

11. 下列有关投资性房地产后续计量会计处理的表述中,正确的有(　　)。

A. 不同企业可以分别采用成本模式或公允价值模式

B. 满足特定条件时可以采用公允价值模式

C. 同一企业可以分别采用成本模式和公允价值模式

D. 同一企业不得同时采用成本模式和公允价值模式

12. 在对投资性房地产的有关业务进行核算时,下列各事项,应该记入“其他业务成本”或“其他业务收入”科目的有(　　)。

A. 转让投资性房地产收到的价款

B. 因投资性房地产经营租赁而缴纳的营业税

C. 投资性房地产的日常维修费用

D. 投资性房地产的折旧费用或摊销费用

三、判断题

1. 企业出租的建筑物或土地使用权，只有能够单独计量和出售的才能确认为投资性房地产。(　)

2. 甲公司与乙企业签订了一项经营租赁合同，乙企业将其持有的一块土地出租给甲公司，租金为每年 50 万元，租赁期为 8 年。甲公司又将此土地转租给 Z 公司，租金为每年 75 万元，租赁期为 5 年。甲公司在将土地转租给 Z 公司时，应确认为投资性房地产。(　)

3. 企业通过经营租赁方式租入的建筑物再出租的不属于投资性房地产的范围(　　)。

4. 一项房地产，部分用于赚取租金或取得资本增值，部分用于生产商品、提供劳务或经营管理，用于赚取租金或取得资本增值的部分，如果能够分别计量和出售，也就是说自用部分和投资部分的成本能够单独分清，投资部分能单独出售，可随时交割产权，可以确认为投资性房地产。(　　)

5. 企业不论是在成本模式下，还是在公允价值模式下，投资性房地产取得的租金收入，均确认为其他业务收入。(　　)

6. 采用公允价值计量模式进行后续计量的房地产在资产负债表日，应计提减值准备的，应借记"资产减值损失"科目，贷记"投资性房地产减值准备"科目。(　　)

7. 采用公允价值模式计量的投资性房地产转换为自用房地产时，应当以其转换当日的公允价值作为自用房地产的原始价值，新的原始价值与转换日投资性房地产账面价值的差额计入资本公积(公允价值变动损益)。(　　)

8. 企业采用公允价值模式进行后续计量的，不应当对投资性房地产计提折旧或进行摊销。(　　)

9. 投资性房地产的计量模式由成本模式转为公允价值模式应当作为会计估计变更，采用未来适用法进行处理。(　　)

10. 采用公允价值模式计量的投资性房地产转为采用成本模式计量时，按照会计政策变更处理。(　　)

11. 采用公允价值模式对投资性房地产进行后续计量，取得的租金收入，借记"银行存款"等科目，贷记"公允价值变动损益"科目。(　　)

12. 自用房地产或存货转换为采用公允价值模式计量的投资性房地产时，投资性房地产按照转换当日的公允价值计价。转换当日的公允价值小于原账面价值的，其差额计入当期损益；转换当日的公允价值大于原账面价值的，其差额计入所有者权益。(　　)

实训题

实 训 一

目的：实训投资性房地产在成本模式下的会计核算。

资料:甲股份有限公司(以下简称甲公司)为增值税一般纳税企业,适用的增值税税率为17%。不考虑除增值税以外的其他税费。甲公司按净利润的10%计提盈余公积。

甲公司将其一栋写字楼租赁给乙公司,租赁期为一年,年租金为300万元,租金于每年年末结清。租赁期开始日为2011年1月1日。租赁期间,由甲公司提供该写字楼的日常维护。该写字楼的原造价为3 000万元,按直线法计提折旧,使用寿命为30年,预计净残值为零,已计提折旧1 000万元,账面价值为2 000万元。甲公司采用成本模式对投资性房地产进行后续计量。

2011年12月,该写字楼出现减值迹象,经减值测试,当年减值200万元;2011年共发生日常维护费用40万元,以银行存款支付。

2012年1月1日,甲公司决定于当日开始对该写字楼进行再开发,开发完成后将继续用于经营租赁。2012年4月20日,甲公司与丙公司签订经营租赁合同,约定自2012年7月1日起将写字楼出租给丙公司,租赁期为两年,年租金为500万元,租金每半年支付一次。

2012年6月30日,该写字楼再开发完成,共发生支出200万元,均以银行存款支付。现预计该项投资性房地产尚可使用年限为25年,预计净残值为零,折旧方法仍为直线法。

要求:

1. 编制2011年1月1日甲公司出租写字楼的有关会计分录。

2. 编制2011年12月31日该投资性房地产的有关会计分录。

3. 编制2012年甲公司该投资性房地产再开发的有关会计分录。

4. 编制2012年12月31日该投资性房地产的有关会计分录。

实训二

目的:综合实训固定资产、无形资产和投资性房地产的会计核算。

资料:大东公司有关投资性房地产的业务资料如下:

1. 2007年1月10日,购入一块土地的使用权,支付价款及相关税费共计2 000万元,土地使用权的使用年限为50年,大东公司按年平均摊销。

2. 2008年1月1日,大东公司在此土地上自行建造一栋写字楼作为本公司办公用楼,购入工程物资一批,增值税专用发票上注明的买价为400万元、增值税税额为68万元,工程物资已验收入库。

3. 工程领用全部工程物资,同时领用本公司产品一批,该批产品的实际成本为40万元,税务部门核定的计税价格为50万元,适用的增值税税率为17%。

4. 应付工程人员工资及福利费合计43.5万元。

5. 2008年6月30日,工程达到预定可使用状态并交付使用。该写字楼预计使用年限为40年,预计净残值为零,采用直线法计提折旧。

6. 2011年12月20日,大东公司因另一栋写字楼完工交付使用,决定将该写字楼经营出租给乙公司,租赁期为10年,年租金为60万元。出租时该写字楼的公允价值为800

万元。假定符合公允价值模式计量的条件，大东公司采用公允价值模式核算投资性房地产。

7. 2012年12月25日，收到乙公司支付的2012年度租金60万元。

8. 2012年12月31日，该办公楼的公允价值为880万元。

要求：

1. 编制大东公司2007年度的有关会计分录。
2. 编制大东公司2008年度的有关会计分录。
3. 编制大东公司2011年度将固定资产转为投资性房地产的有关会计分录。
4. 编制大东公司2012年度有关投资性房地产的会计分录。

第9章 非货币性资产交换

训练目标

1. 理解货币性资产和非货币性资产的区别。
2. 理解非货币性资产交换的概念、判断标准及认定。
3. 掌握不涉及补价情况下的非货币性资产交换的核算。
4. 掌握涉及补价情况下的非货币性资产交换的核算。
5. 掌握涉及多项资产的非货币性资产交换的核算。
6. 熟悉非货币性资产交换具有商业实质的条件。

关键术语

货币性资产　非货币性资产　非货币性资产交换　商业实质　补价

练习题

一、单项选择题

1. 下列各项中,属于货币性资产的是(　　)。

A. 无形资产　　B. 股权投资

C. 应收账款　　D. 不准备持有至到期的债券投资

2. 下列各项中,不属于非货币性资产的是(　　)。

A. 预付账款　　B. 准备持有至到期的债券投资

C. 可转换公司债券　　D. 固定资产

3. 根据《企业会计准则第7号——非货币性资产交换》的规定,下列项目属于货币性资产的是(　　)。

A. 作为可供出售金融资产的权益工具　　B. 对有市价的股票进行的投资

C. 不准备持有至到期的债券投资　　D. 准备持有至到期的债券投资

4. 下列各项交易中,属于非货币性资产交换的是( )。

A. 以准备持有至到期的债券投资换入固定资产

B. 以银行汇票购买材料

C. 以银行本票购买无形资产

D. 以固定资产换入股权投资

5. 下列说法中,不正确的是( )。

A. 非货币性资产交换可以涉及少量补价,通常以补价占整个资产交换金额的比例低于25%作为参考

B. 当交换具有商业实质并且公允价值能够可靠计量时,应当以公允价值和应支付的相关税费作为换入资产的成本

C. 不具有商业实质的交换,应当以换出资产的账面价值和应支付的相关税费作为换入资产的成本

D. 收到补价时应确认收益,支付补价时不能确认收益

6. 在确定涉及补价的交易是否为非货币性资产交换时,支付补价的企业,应当按照支付的补价占( )的比例低于25%确定。

A. 换出资产公允价值

B. 换出资产公允价值加上支付的补价

C. 换入资产公允价值加补价

D. 换出资产公允价值减补价

7. 以下事项中,属于非货币性资产交换的是( )。

A. 用货币资金100万元购入原材料

B. 用应收账款100万元抵偿债务

C. 用银行存款30万元购入汽车

D. 用价值30万元的机器设备换取等值的汽车

8. ABC公司发生的下列非关联交易,属于非货币性资产交换的是( )。

A. 以公允价值为200万元的手机换入甲公司的一项生产手机零件的流水线,并支付补价60万元

B. 以账面价值为100万元的固定资产换入乙股份有限公司公允价值为100万元的液晶电视一批,用于职工福利,并支付乙股份有限公司补价25万元

C. 以公允价值为320万元的专利设备换入某公司一项电子设备,并支付补价140万元

D. 用一项准备随时变现的股票投资换入丙公司公允价值为300万元的生产设备一台,并支付补价110万元

9. 在交换具有商业实质且公允价值能够可靠计量时,下列说法不正确的是( )。

A. 非货币性资产交换不能确认损益

B. 换出资产为固定资产、无形资产的,换出资产公允价值与其账面价值的差额,计入营业外收入或营业外支出

C. 换出资产为长期股权投资的,换出资产公允价值与其账面价值的差额,计入投资损益

D. 收到补价方,应当以换出资产的公允价值减去补价(或换入资产的公允价值)加上应支付的相关税费作为换入资产的成本

10. 甲公司与乙公司协商,甲公司以一辆小汽车换入乙公司的一批材料,换入后作为原材料核算。已知该辆小汽车的原值为300 000元,已提折旧210 500元,已提固定资产减值准备5 000元,原材料的公允价值为100 000元,公允价值等于计税价格,增值税税率为17%。另外甲公司支付给乙公司现金21 000元。假定该项非货币性资产交换不具有商业实质,则甲公司换入的原材料的入账价值是(　　)元。

A. 89 500　　B. 84 500　　C. 100 000　　D. 88 500

11. 甲公司和乙公司均为增值税一般纳税人,适用的增值税税率均为17%,计税价格等于公允价值。甲公司以一台原价为200万元的设备进行交换,该设备累计折旧为80万元,未计提减值准备,交换中发生固定资产清理费用5万元。乙公司以自产的一批钢材进行交换,钢材的账面价值为80万元,钢材不含增值税的公允价值为70万元,乙公司支付甲公司补价15万元。假设该项交换不具有商业实质。则甲公司换入资产的入账价值为(　　)万元。

A. 63.1　　B. 93.1　　C. 98.1　　D. 120

12. 非货币性资产交换中,如果同时换入多项资产,非货币性资产交换具有商业实质,且换入资产的公允价值能够可靠计量,应当按照(　　)的比例,对换入资产的成本总额进行分配,确定各项换入资产的入账价值。

A. 换入各项资产的公允价值与换入资产公允价值总额

B. 换出各项资产的公允价值与换出资产公允价值总额

C. 换入各项资产的账面价值与换入资产账面价值总额

D. 换出各项资产的账面价值与换出资产账面价值总额

13. 甲公司以生产经营用的客车和货车交换乙公司生产经营用的C设备和D设备。甲公司换出:客车原值45万元,已计提折旧3万元,公允价值45万元;货车原值37.50万元,已计提折旧10.50万元,公允价值30万元。乙公司换出:C设备原值22.50万元,已计提折旧9万元,公允价值15万元;D设备原值63万元,已计提折旧7.50万元,公允价值60万元。假定该项交换具有商业实质,则甲公司取得的C设备的入账价值为(　　)万元。

A. 15　　B. 63　　C. 60　　D. 55.20

14. 甲公司以生产经营用的客车和货车交换乙公司生产经营用的C设备和D设备。甲公司换出:客车原值45万元,已计提折旧3万元;货车原值37.50万元,已计提折旧10.50万元。乙公司换出:C设备原值22.50万元,已计提折旧9万元;D设备原值63万元,已计提折旧7.50万元。假定该项交换不具有商业实质,则甲公司取得的C设备的入账价值为(　　)万元。

A. 14.67　　B. 63　　C. 60　　D. 13.5

15. 下列有关非货币性资产交换的核算中，正确的是(　　)。
A. 非货币性资产交换的核算中，无论是支付补价的一方还是收到补价的一方，都要解决换入资产的入账价值和确认换出资产的非货币性资产交换利得或损失的问题
B. 多项资产交换与单项资产交换的主要区别在于，需要对换入各项资产的价值进行分配，按各项换入资产的公允价值占换入资产公允价值总额的比例进行分配，以确定各项换入资产的入账价值
C. 非货币性资产交换具有商业实质且公允价值能够可靠计量的，在发生补价的情况下，支付补价方应当以换入资产的公允价值和应支付的相关税费作为换入资产的成本
D. 不具有商业实质的非货币性资产交换中，一般纳税人的增值税对换入或换出资产的入账价值一定无影响

二、多项选择题

1. 下列各项目中，属于货币性资产的有(　　)。
A. 应收账款　　　　B. 应收票据
C. 交易性金融资产的股票投资　　　　D. 准备持有至到期的债券投资

2. 以下资产符合货币性资产条件的有(　　)。
A. 可以给企业带来经济利益的资产
B. 具有流动性的资产
C. 将为企业带来固定的经济利益的资产
D. 将为企业带来可确定的经济利益的资产

3. 下列各项交易中，属于非货币性资产交换的有(　　)。
A. 以固定资产换入股权　　　　B. 以银行汇票购买原材料
C. 以银行本票购买固定资产　　　　D. 以无形资产换入原材料

4. 在非货币性资产交换中，会计准则给出了"补价占整个交易金额的25%"的比例标准。在下列计算公式中，正确的有(　　)。
A. 收到的补价 ÷ 换出资产公允价值 < 25%
B. 收到的补价 ÷ (收到的补价 + 换出资产公允价值) < 25%
C. 支付的补价 ÷ (支付的补价 + 换入资产账面价值) < 25%
D. 支付的补价 ÷ (支付的补价 + 换出资产公允价值) < 25%

5. 下列业务中，属于非货币性资产交换的有(　　)。
A. 甲公司以公允价值为20万元的原材料换入乙公司的机器设备一台，并支付补价2万元给乙公司
B. 甲公司以账面价值为13 000元的设备交换乙公司的库存商品，乙公司库存商品的账面价值为9 000元。甲公司设备的公允价值等于账面价值，并且甲公司收到乙公司支付的补价600元

C. 甲公司用公允价值为100万元的准备持有至到期的债券投资换入公允价值为80万元的长期股权投资,收到补价20万元

D. 甲公司以账面价值为560万元,公允价值为580万元的专利技术换取一台电子设备,另收取补价50万元

6. 下列有关非货币性资产交换的说法中,正确的有(　　)。

A. 只要非货币性资产交换具有商业实质,就应当以公允价值和应支付的相关税费作为换入资产的成本

B. 若换入资产的未来现金流量在风险、时间和金额方面与换出资产显著不同,则该非货币性资产交换一般具有商业实质

C. 在确定非货币性资产交换是否具有商业实质时,企业应当关注交易各方之间是否存在关联方关系,关联方关系的存在可能导致发生的非货币性资产交换不具有商业实质

D. 只要换出资产的公允价值能够可靠确定,就应当以其公允价值和应支付的相关税费作为换入资产的成本

7. 在非货币性资产交换中,具有商业实质的表现有(　　)。

A. 换入资产的未来现金流量在风险、时间和金额方面与换出资产显著不同

B. 换入资产与换出资产的预计未来现金流量现值不同,且其差额与换入资产和换出资产的公允价值相比是重大的

C. 非货币性资产的公允价值能可靠计量

D. 非货币性资产交换签订了合同

8. 以公允价值作为换入资产入账价值的条件有(　　)。

A. 换入的是非货币性资产

B. 收到补价或支付补价

C. 该项交换具有商业实质

D. 换入资产或换出资产的公允价值能够可靠地计量

9. 在换入资产按公允价值计量的情况下,换出资产为固定资产、无形资产的,其换出资产公允价值和换出资产账面价值的差额,可计入(　　)。

A. 营业外收入　　B. 其他业务收入

C. 营业外支出　　D. 其他业务成本

10. 非货币性资产交换具有商业实质且公允价值能够可靠计量的,在发生补价的情况下,对于换出资产公允价值与其账面价值的差额,正确的会计处理方法有(　　)。

A. 换出资产为存货的,应当视同销售处理,根据《企业会计准则第14号——收入》按其公允价值确认商品销售收入,同时结转商品销售成本

B. 换出资产为固定资产的,换出资产公允价值和换出资产账面价值的差额,计入营业外收入或营业外支出

C. 换出资产为长期股权投资的,换出资产公允价值和换出资产账面价值的差额,计入投资收益

D. 换出资产为交易性金融资产的，换出资产公允价值和换出资产账面价值的差额，计入营业外收支

11. 企业在以公允价值和应支付的相关税费作为换入资产成本的情况下，发生补价的，下列说法中正确的有(　　)。

A. 支付补价的，换入资产成本与换出资产账面价值加支付的补价、应支付的相关税费之和的差额，应当计入当期损益

B. 支付补价的，换入资产成本与换出资产账面价值加支付的补价、应支付的相关税费之和的差额，应当计入资本公积

C. 收到补价的，换入资产成本加收到的补价与换出资产账面价值加应支付的相关税费的差额，应当计入当期损益

D. 收到补价的，换入资产成本加收到的补价与换出资产账面价值加应支付的相关税费的差额，应当计入资本公积

12. 下列关于非货币性资产交换采用公允价值入账时的表述中，正确的有(　　)。

A. 支付补价方，应当以换出资产的公允价值加上支付的补价(或换入资产的公允价值)和应支付的相关税费，作为换入资产的成本

B. 收到补价方，应当以换出资产的公允价值减去补价(或换入资产的公允价值)加上应支付的相关税费，作为换入资产的成本

C. 换入多项资产时，应当按照换入各项资产的公允价值占换入资产公允价值总额的比例，对换入资产的成本总额进行分配，确定各项换入资产的成本

D. 换入多项资产时，应当按照换入各项资产的原账面价值占换入资产原账面价值总额的比例，对换入资产的成本总额进行分配，确定各项换入资产的成本

13. 下列关于非货币性资产交换的说法中正确的有(　　)。

A. 关联方关系的存在可能导致发生的非货币性资产交换不具有商业实质

B. 如果换出资产的公允价值能够可靠计量，就应当以其公允价值和应支付的相关税费作为换入资产的成本

C. 只要换入的资产具有商业实质，就应当以公允价值和应支付的相关税费作为换入资产的成本

D. 如果换入资产与换出资产的预计未来现金流量、时间和风险有显著不同，就可以认定其具有商业实质

14. 关于非货币性资产交换，下列说法中正确的有(　　)。

A. 只要非货币性资产交换具有商业实质，就应当以公允价值和应支付的相关税费作为换入资产的成本(涉及补价的还要考虑补价问题)

B. 若换入资产的未来现金流量在风险、时间和金额方面与换出资产显著不同，则该非货币性资产交换具有商业实质

C. 若换入资产与换出资产的预计未来现金流量现值不同，且其差额与换入资产和换出资产的公允价值相比是重大的，则该非货币性资产交换具有商业实质

D. 在确定非货币性资产交换是否具有商业实质时，企业应当关注交易各方之间

是否存在关联方关系，关联方关系的存在可能导致发生的非货币性资产交换不具有商业实质

15. 在不具有商业实质、涉及补价的非货币性资产交换中，影响换入资产的入账价值的因素有（　　）。

A. 换出资产的账面价值　　B. 换出资产计提的减值损失

C. 换出资产支付的相关税费　　D. 换出资产收到的补价

16. 非货币性资产交换以账面价值计价时，正确的处理有（　　）。

A. 以换出资产的账面价值作为确定换入资产成本的基础

B. 换出资产公允价值与换出资产账面价值的差额计入当期损益

C. 多项非货币性资产交换时，某项资产入账价值等于换出资产账面价值总额乘以换入该项资产的账面价值占换入资产账面价值总额的比例

D. 多项非货币性资产交换且双方账面价值总额一致时，某项换入资产入账价值一定等于该资产原账面价值

17. 对于涉及多项资产收到补价的非货币性资产交换（具有商业实质），在确定换入资产的入账价值时需要考虑的因素有（　　）。

A. 换入资产的进项税额　　B. 换出资产的销项税额

C. 收到对方支付的补价　　D. 换入资产的公允价值

18. 某公司以库存原材料交换一座库房，该原材料的账面成本为 90 万元，不含税售价为 100 万元，增值税税率为 17%，已计提的存货跌价准备为 5 万元。该库房在原企业的账面价值为 75 万元，公允价值为 100 万元，该公司收到补价 17 万元。该公司正确的会计处理有（　　）。

A. 固定资产（库房）入账价值为 80 万元

B. 固定资产（库房）入账价值为 75 万元

C. 固定资产（库房）入账价值为 100 万元

D. 存货账面余额减少 90 万元

三、判断题

1. 货币性资产，是指企业持有的货币资金和将以固定或可确定的金额收取的资产，包括库存现金、银行存款、应收账款和应收票据，以及准备持有至到期的债券投资等。（　　）

2. 换出资产为交易性金融资产、持有至到期投资、可供出售金融资产的，换出资产公允价值与其账面价值的差额，计入投资损益。（　　）

3. A 公司以一台设备交换 B 公司的一项无形资产。该设备账面原价为 30 万元，累计折旧为 7.50 万元，公允价值为 18 万元；无形资产的账面价值和公允价值均为 23.25 万元。A 公司另行向 B 公司支付现金 5.25 万元，则该交易属于非货币性资产交换。（　）

4. 在非货币性资产交换中，如果换入资产的未来现金流量在风险、金额、时间方面与

换出资产显著不同，即使换入或换出资产的公允价值不能可靠计量，也应将该交易认定为具有商业实质。(　　)

5. 在非货币性资产交换中，只要该项交换具有商业实质，就可以按公允价值计量换入资产的成本。(　　)

6. 关联方关系的存在可能导致发生的非货币性资产交换不具有商业实质。(　　)

7. 非货币性资产交换是否具有商业实质，应根据换入资产的性质和换入企业经营活动的特征等因素判断。换入资产与企业其他现有资产相结合能够产生更大的作用，使换入企业受该换入资产影响产生的现金流量与换出资产明显不同，表明这两项资产的交换具有商业实质。(　　)

8. 非货币性资产交换具有商业实质，且换入资产的公允价值能够可靠计量的，应当按照换入各项资产的账面价值占换入资产账面价值总额的比例，对换入资产的成本总额进行分配，确定各项换入资产的成本。(　　)

9. 非货币性资产交换具有商业实质且公允价值能够可靠计量的，应按公允价值计量换入资产成本，换出资产公允价值大于其账面价值的差额，均应作为非货币性资产交换损益，计入营业外收入。(　　)

10. 当非货币性资产交换同时满足"交换具有商业实质"和"换入资产或换出资产的公允价值能够可靠计量"两个条件时，应当以公允价值和应支付的相关税费作为换入资产的成本，公允价值与换出资产账面价值的差额计入当期损益。(　　)

11. 对于非货币性资产交换，应按换出资产的公允价值与换入资产的公允价值孰低作为换入资产的入账价值。(　　)

12. 多项非货币性资产交换具有商业实质，且换入资产的公允价值能够可靠计量的，应当按照换入各项资产的公允价值占换入资产公允价值总额的比例，对换入资产的成本总额进行分配，确定各项换入资产的成本。(　　)

实训题

实 训 一

目的：实训在账面价值计量模式下存货交换的会计核算。

资料：A 公司以甲商品换入 B 公司乙商品作为生产用材料，B 公司换入的甲商品用于销售。已知：甲商品的账面余额为 60 000 元，已计提存货跌价准备 3 000 元，计税价格为 68 000 元；乙商品的账面余额为 50 000 元，已计提存货跌价准备 5 000 元，计税价格为 65 000 元；甲、乙商品的公允价值均为 70 000 元；两种商品适用的增值税税率均为 17%；整个资产交换过程没有发生除增值税以外的其他相关税费。假定交换不具有商业实质。

要求：根据资料，分别做 A、B 公司的会计分录。

实 训 二

目的：实训在公允价值计量模式下存货和固定资产交换的会计核算。

资料:E公司以丁商品换入F公司持有的Z设备作为固定资产使用。已知:丁商品的账面余额为200 000元,已计提存货跌价准备20 000元,公允价值为240 000元,适用的增值税税率为17%;Z设备的账面原值为320 000元,已累计折旧50 000元,公允价值为240 000元,适用的增值税税率为17%;F公司换入的丁商品作为材料使用;在整个资产交换过程中,E公司以银行存款支付Z设备的运杂费5 000元,F公司以银行存款支付Z设备的清理费1 600元和丁商品的运杂费1 000元;除此之外,未发生其他相关税费。假定交换具有商业实质且资产的公允价值能够可靠计量。

要求:根据资料,分别做E、F公司的会计分录。

实训三

目的:实训在公允价值计量模式下固定资产和固定资产交换的会计核算。

资料:P公司以所持有的机修设备换入Q公司所持有的数控设备,双方适用的增值税税率均为17%。已知:机修设备的账面原值为180 000元,已累计折旧50 000元;数控设备的账面原值为120 000元,已累计折旧10 000元;机修设备和数控设备的公允价值均为100 000元;P公司在接受数控设备过程中以银行存款支付运杂费1 000元,Q公司在接受机修设备过程中以银行存款支付运杂费1 200元;除此之外,整个资产交换过程未发生其他相关税费。假定交换具有商业实质且资产的公允价值能够可靠计量。

要求:根据资料,分别做P、Q公司的会计分录。

实训四

目的:实训在公允价值计量模式下换入多项资产的会计核算。

资料:大华公司决定以库存商品和交易性金融资产——B股票与A公司交换其持有的长期股权投资和固定资产设备一台。大华公司库存商品账面余额为150万元,公允价值(计税价格)为200万元;B股票的账面余额为260万元(其中:成本为210万元,公允价值变动为50万元),公允价值为300万元。A公司的长期股权投资的账面余额为300万元,公允价值为336万元;固定资产设备的账面原值为240万元,已计提折旧100万元,公允价值为144万元,另外A公司向大华公司支付银行存款54万元作为补价。大华公司和A公司换入的资产均不改变其用途。假设两公司都没有为资产计提减值准备,整个交易过程中没有发生除增值税以外的其他相关税费,不考虑与设备相关的增值税。大华公司和A公司的增值税税率均为17%。假定该非货币性资产交换具有商业实质且公允价值能够可靠计量。

要求:

1. 计算大华公司换入各项资产的成本。
2. 编制大华公司有关会计分录。
3. 计算A公司换入各项资产的成本。
4. 编制A公司有关会计分录。

实训五

目的:实训在账面价值计量模式下换入多项资产且涉及补价的会计核算。

资料:甲公司和乙公司均为增值税一般纳税企业,适用的增值税税率均为17%。甲公司为了适应经济业务发展的需要,与乙公司协商,将其原生产用的库房、车床以及起重机,与乙公司的办公楼、运输车辆和库存原材料交换。假定交换中除原材料外其他的交换均作为固定资产核算。甲公司换出库房的账面原价为600万元,已计提折旧120万元,公允价值为400万元;换出车床的账面原价为480万元,已计提折旧240万元,公允价值为300万元;换出起重机的账面原价为1 200万元,已计提折旧500万元,公允价值为800万元。乙公司换出办公楼的账面原价为760万元,已计提折旧100万元,公允价值为800万元;换出运输车辆的账面原价为800万元,已计提折旧360万元,公允价值为400万元;换出原材料的账面价值为350万元,公允价值和计税价格均为400万元。甲公司另支付补价100万元。假设甲公司和乙公司换出资产均未计提减值准备,不考虑增值税和营业税以外发生的其他税费。假定该交易具有商业实质且公允价值能够可靠计量。

要求:

1. 计算双方换出资产的公允价值。
2. 计算双方换入资产的总成本。
3. 计算双方各项换入资产的入账价值。
4. 编制双方相关的会计分录。

(计算过程保留两位小数,答案中的金额单位用万元表示,固定资产科目写出明细科目)

第10章 负债

训练目标

1. 了解短期借款的概念,掌握短期借款利息计提和到期偿还的核算方法。

2. 了解应付账款的概念,掌握应付账款的基本账务处理。

3. 了解应付票据的概念及相关知识,掌握应付票据的基本账务处理。

4. 了解应付职工薪酬的概念、内容,掌握应付职工薪酬的账务处理。

5. 了解增值税、消费税、营业税以及其他税费的概念,掌握各种税费的基本账务处理。

6. 了解非流动负债的内容和特点,通过比较流动负债和非流动负债,明确企业应如何筹措不同期限的债务。

7. 熟悉长期借款的概念,掌握长期借款的基本账务处理,正确计算借款利息费用。

8. 熟悉公司债券发行和利息调整的摊销,能运用实际利率法计算确定利息费用。

9. 掌握借款费用的概念、借款费用资本化的范围和条件,运用借款费用会计准则,计算确定专门借款和一般借款的借款费用资本化金额。

10. 将借款费用会计准则与短期借款、长期借款和应付债券的会计处理有机结合起来,达到融会贯通。

关键术语

短期借款　应付票据　应付账款　预收账款　应付职工薪酬　其他应付款　应交税费　长期借款　应付债券　借款费用

练习题

一、单项选择题

1. 短期借款的主要目的在于解决(　　)。

A. 流动资金不足　　B. 长期资金不足
C. 所有资金不足　　D. 实收资本不足

2. 预提短期借款利息通过(　　)科目单独进行核算。
A. "财务费用"　　B. "短期借款"
C. "应计利息"　　D. "应付利息"

3. 如果企业到期不能偿付商业承兑汇票,应将"应付票据"转作(　　)。
A. "长期应付款"　　B. "其他应付款"
C. "短期借款"　　D. "应付账款"

4. 企业签发银行承兑汇票时,按承兑金额的一定比例支付的承兑手续费,应记入(　　)科目。
A. "财务费用"　　B. "在建工程"
C. "销售费用"　　D. "长期待摊费用"

5. 在我国,商业汇票的付款期限由交易双方商定,但最长不得超过(　　)。
A. 1 个月　　B. 3 个月　　C. 6 个月　　D. 12 个月

6. 企业发生无法支付的应付账款时,应计入(　　)。
A. 营业外收入　　B. 管理费用　　C. 营业外支出　　D. 资本公积

7. 预收账款不多的企业,也可以不设置本科目,将预收的款项直接记入(　　)科目。
A. "其他应收款"　　B. "应收账款"
C. "应付账款"　　D. "预付账款"

8. 企业为了详细反映应付票据的有关情况,应设置(　　)。
A. 收款单位明细账　　B. 票据种类明细账
C. 收款单位和票据种类明细账　　D. 应付票据备查簿

9. 企业计算应交的城市维护建设税应通过(　　)科目核算。
A. "营业税金及附加"　　B. "管理费用"
C. "销售费用"　　D. "其他业务成本"

10. 因解除与职工的劳动关系给予的补偿,借记(　　)科目,贷记"应付职工薪酬"科目。
A. "生产成本"　　B. "在建工程"
C. "管理费用"　　D. "制造费用"

11. 下列税金中,与企业计算损益无关的是(　　)。
A. 消费税　　B. 增值税
C. 所得税　　D. 城市维护建设税

12. 小规模纳税企业购入原材料取得的增值税专用发票上注明货款 20 000 元、增值税 3 400 元,在购入材料的过程中另支付运杂费 600 元,则该企业原材料的入账价值为(　　)元。
A. 24 000　　B. 20 600　　C. 20 540　　D. 23 400

13. 企业缴纳的(　　)等不需要预计应交数的税金,不通过"应交税费"科目核算。

A. 印花税　B. 增值税　C. 消费税　D. 营业税

14. 企业当月缴纳当月的增值税,应通过(　　)科目核算。

A. “应交税费——应交增值税(已交税金)”

B. “应交税费——未交增值税”

C. “应交税费——应交增值税(转出未交增值税)”

D. “应交税费——应交增值税”

15. 月度终了,本月多交的增值税也应自“应交税费——应交增值税”明细科目转入(　　)明细科目。

A. “应交税费——应交增值税(转出多交增值税)”

B. “应交税费——未交增值税”

C. “应交税费——应交增值税(已交税金)”

D. “应交税费——应交增值税(进项税额转出)”

16. 在债券发行时,假定其他条件不变的情况下,当票面利率高于市场利率时,称之为(　　)。

A. 加价发行　B. 溢价发行　C. 平价发行　D. 折价发行

17. 委托加工的应税消费品收回后准备直接出售的,由受托方代扣代缴的消费税,委托方应借记的会计科目是(　　)。

A. “在途物资”　B. “委托加工物资”

C. “应交税费——应交消费税”　D. “营业税金及附加”

18. 下列项目中,不属于借款费用的是(　　)。

A. 外币借款发生的汇兑损失　B. 发行公司债券的印刷费

C. 发行公司股票的佣金　D. 借款的手续费

19. 在借款费用准则中,下列项目属于会计准则中规定的“正常中断”的是(　　)。

A. 质量纠纷　B. 安全事故　C. 劳动纠纷　D. 地震

20. 下列项目中,不属于职工薪酬的是(　　)。

A. 职工福利费　B. 职工出差报销的差旅费

C. 商业养老保险费　D. 为职工无偿提供的医疗保健服务

21. 某公司 2012 年 7 月 1 日从银行借入资金 60 万元,期限为 6 个月,年利率为 6%,到期还本,按月计提利息,按季付息。该公司 7 月 31 日应计提的利息为(　　)万元。

A. 0.3　B. 0.6　C. 0.9　D. 3.6

22. 企业转销无法支付的应付账款时,应将该应付账款账面余额计入(　　)。

A. 资本公积　B. 营业外收入　C. 其他业务收入　D. 其他应付款

23. 某企业于 2012 年 7 月 1 日按面值发行 5 年期、到期一次还本付息的公司债券,该债券面值总额为 8 000 万元,票面年利率为 4%,自发行日起计息。假定票面利率与实际利率一致,不考虑相关税费,2013 年 12 月 31 日该应付债券的账面余额为(　　)万元。

A. 8 000　B. 8 160　C. 8 320　D. 8 480

24. 某企业为增值税一般纳税人,2012 年应交各种税金为:增值税 350 万元,消费税

150万元，城市维护建设税35万元，房产税10万元，车船税5万元，企业所得税250万元。上述各项税金应计入管理费用的金额为（　　）万元。

A. 5　　B. 15　　C. 50　　D. 185

二、多项选择题

1. 企业发生的下列相关税金中，应计入存货成本的有（　　）。

A. 企业厂房缴纳的房产税

B. 委托加工物资收回后直接用于销售的货物由受托方代收代缴的消费税

C. 小规模纳税企业购进货物支付的增值税

D. 一般纳税人从海关取得的完税凭证上注明的增值税税额

2. 下列各项中，应通过"应付职工薪酬"科目核算的有（　　）。

A. 基本工资　　B. 经常性奖金

C. 养老保险费　　D. 以现金结算的股份支付

3. 下列属于职工薪酬准则中所规定的职工的有（　　）。

A. 全职、兼职职工　　B. 董事会成员

C. 内部审计委员会成员　　D. 劳务用工合同人员

4. 社会保险费，是指企业按照国家规定的基准和比例计算，向社会保险经办机构缴纳的（　　）。

A. 医疗保险费　　B. 养老保险费

C. 失业保险费　　D. 工伤保险费和生育保险费

5. 企业购入货物或接受劳务，能够作为当期进项税额抵扣的有（　　）。

A. 取得的增值税专用发票上注明的增值税

B. 取得的海关完税凭证上注明的增值税

C. 购进免税农产品准予抵扣的增值税

D. 增值税发票上未按税法规定注明的增值税

6. 对于工业企业来说，在核算营业税时可能借记的科目有（　　）。

A. "营业税金及附加"　　B. "销售费用"

C. "固定资产清理"　　D. "其他业务成本"

7. 按照规定，可以记入"营业税金及附加"科目的税金有（　　）。

A. 土地增值税　　B. 消费税

C. 城市维护建设税　　D. 营业税

8. 下列属于应该记入"管理费用"科目的税金有（　　）。

A. 城市维护建设税　　B. 矿产资源补偿费

C. 车船税　　D. 城镇土地使用税

9. 下列业务中，企业通常视同销售处理的有（　　）。

A. 销售代销货物

B. 在建工程领用企业外购的库存商品

C. 企业将自产的产品用于集体福利

D. 企业将委托加工的货物用于投资

10. 借款费用,是指企业因借款而发生的利息及其他相关成本,主要包括(　　)等。

A. 借款利息　　B. 利息调整的摊销

C. 辅助费用　　D. 因外币借款而发生的汇兑差额

11. 下列各项中,应通过"其他应付款"科目核算的有(　　)。

A. 应付的租入包装物租金　　B. 应付的社会保险费

C. 应付的客户存入保证金　　D. 应付的经营租入固定资产租金

12. 下列各项中,应作为应付职工薪酬核算的有(　　)。

A. 支付的工会经费　　B. 支付的职工教育经费

C. 为职工支付的住房公积金　　D. 为职工无偿提供的医疗保健服务

13. 下列各项交易或事项,应通过"其他应付款"科目核算的有(　　)。

A. 客户存入的保证金　　B. 应付股东的股利

C. 应付租入包装物的租金　　D. 预收购货单位的货款

14. 下列对长期借款利息费用的会计处理,正确的有(　　)。

A. 筹建期间的借款利息计入管理费用

B. 筹建期间的借款利息计入长期待摊费用

C. 日常生产经营活动的借款利息计入财务费用

D. 符合资本化条件的借款利息计入相关资产成本

15. 企业缴纳的下列税金,应通过"应交税费"科目核算的有(　　)。

A. 印花税　　B. 耕地占用税　　C. 房产税　　D. 土地增值税

三、判断题

1. 应付票据是指出票人签发的、委托付款人在指定日期无条件支付确定的金额给收款人或者持票人的票据,包括商业承兑汇票和银行承兑汇票两种。(　　)

2. 企业提供给职工配偶、子女或其他被赡养人的福利等,不属于职工薪酬。(　　)

3. 冲销无法支付的应付账款时,应贷记"营业外收入"科目。(　　)

4. 按照纳税人的经营规模及会计核算的健全程度,增值税的纳税人分为一般纳税人和小规模纳税人。(　　)

5. 小规模纳税人销售货物或提供应税劳务,应纳税额等于当期销项税额抵扣当期进项税额后的余额。(　　)

6. 消费税的征收方法采用从价定率、从量定额两种方法。(　　)

7. 董事会或类似机构提议分派的现金股利或利润,不作为应付股利核算。(　　)

8. "应付债券——利息调整"应在债券存续期间内采用直线法进行摊销。(　　)

9. 为购建或者生产符合资本化条件的资产而借入专门借款的资本化借款费用,应当以专门借款当期实际发生的利息费用,减去将尚未动用的借款资金存入银行取得的利息收入或者进行暂时性投资取得的投资收益后的金额确定。(　　)

10. 对于那些购入即可使用的资产,或者虽然需要安装、建造或生产但时间较短的资产,不属于符合资本化条件的资产。( )

11. 企业为生产产品而借入的款项所产生的利息,不能够进行资本化。( )

12. 专门借款,是指为购建固定资产而专门借入的款项。( )

13. 在借款费用资本化期间内,为购建或者生产符合资本化条件的资产占用了一般借款的,一般借款的利息均予以资本化。( )

14. 某企业在北方某地建造某工程项目,正遇冰冻季节,工程施工因此中断,且中断时间超过3个月,该企业没有因此停止借款费用的资本化处理。( )

15. 继续发生在所购建或生产的符合资本化条件的资产上的支出金额很少或者几乎不再发生时,可以判断资产达到预定可使用状态或可销售状态,应当停止资本化。( )

16. 符合借款费用资本化条件的存货通常需要经过相当长时间(3个月或以上)的建造或者生产过程,才能达到预定可销售状态。( )

17. 上市公司董事会通过股票股利分配方案时,财会部门应将拟分配的股票股利确认为负债。( )

18. 企业为职工缴纳的基本养老保险费、补充养老保险费,以及为职工购买的商业养老保险,均属于企业提供的职工薪酬。( )

19. 企业缴纳的各项税金都应通过"应交税费"科目核算。( )

20. 短期借款和长期借款发生的利息费用,在会计处理上是一致的。( )

实训题

实训一

目的:实训短期借款的核算。

资料:某企业2012年发生下列有关短期借款的经济业务:

1. 2012年7月1日,从工商银行借入为期6个月的借款40万元,存入银行基本存款户,年利率为6%。合同规定,每月计提利息,按季支付利息。

2. 2012年7月31日,计提本月应付利息。

3. 2012年9月30日,确认利息费用,并支付季度利息。

4. 2012年12月31日,短期借款到期,归还本金及利息。

要求:根据上述资料计算每月应付利息,并编制相关会计分录。

实训二

目的:实训应交增值税的核算。

资料:某企业属于增值税一般纳税人,增值税税率为17%,存货核算采用实际成本法。本月发生下列有关经济业务：

1. 以银行存款缴纳上月未交的增值税4 500元。

2. 销售5 000 000元的应交增值税的产品，按规定收取增值税850 000元，货款已收到，存入银行。

3. 用银行存款预付本月增值税400 000元。

4. 在建厂房工程领用材料用于工程建设，材料实际成本为50 000元，进项税额为8 500元。

5. 以银行存款购入生产设备一台，价款1 400 000元，增值税238 000元，设备不需要安装，已投入使用。

6. 在建厂房工程领用本企业生产的产品，产品实际成本为400 000元，计税价格为480 000元。

7. 以银行存款购入家具一批，列入周转材料。该批家具价款6 000元，增值税1 020元，家具已投入使用。

8. 从某单位购入材料一批，增值税专用发票上注明货款20 000元、增值税3 400元，货款签发转账支票支付，材料已验收入库。

9. 购入一批免税农产品，发票上注明货款300 000元，运杂费1 200元，货款及运杂费均签发转账支票支付，材料已验收入库。

10. 以银行存款支付购入材料的运输费2 000元，并取得运输发票。

要求：

1. 根据上述经济业务，编制会计分录。

2. 计算本月应交增值税及"应交税费——应交增值税"的期末余额。

3. 将本月应交增值税转入"应交税费——未交增值税"科目。

实训三

目的：实训应交税费的核算。

资料：神龙集团为增值税一般纳税企业，材料按实际成本核算，适用的增值税税率为17%，2013年4月份发生如下经济业务：

1. 购入一批原材料，增值税专用发票上注明的材料价款为200万元（不含增值税），增值税为34万元。货款已付，材料已验收入库。

2. 工程领用生产用料8万元，该批材料的计税价为10万元。

3. 出售一项商标权，转让收入5万元已存入银行，该项商标权的账面成本为8万元，累计摊销6万元。适用的营业税税率为5%。

4. 从南海公司购入一台设备，增值税专用发票上记载的设备价款为100万元，支付的增值税税额为17万元，款项已由银行支付。

5. 销售产品一批，销售收入为300万元（不含税），货款尚未收到。

6. 销售应交增值税的产品给乙公司(乙公司为小规模纳税企业),应收取款项(价税合计)为58.5万元,已由银行收妥。

7. 从小规模纳税企业购入一批材料,发票上记载的货款为175.5万元,材料已验收入库,款项尚未支付。

8. 收购农业产品,实际支付的价款为10万元,收购的农业产品已验收入库(假定准予抵扣的进项税额按13%的扣除率计算)。

9. 出售厂房一栋,原价为1 000万元,已计提折旧700万元,出售所得收入为650万元,清理费用支出为3万元,厂房已清算完毕,款项均已由银行收付。适用的营业税税率为5%。

10. 购买材料一批,增值税专用发票上注明的价款为60万元、增值税为10.2万元。价税款签发银行汇票支付,材料已经到达。另以银行存款支付运输费0.2万元,取得运输发票一张。

要求:根据上述资料,编制有关经济业务的会计分录。

(为简化核算,不考虑城市维护建设税和教育费附加;答案中的金额单位用万元表示)

实训四

目的:实训应付职工薪酬的核算。

资料:丙公司2013年8月发生下列有关应付职工薪酬的经济业务:

1. 本月应付工资总额为600 000元,其中生产工人工资为300 000元,在建工程人员工资为150 000元,管理人员工资为100 000元,产品销售人员工资为50 000元。

2. 按本月的应付工资总额的5%、10%、2%、2%和1%分别计提职工医疗保险费、养老保险费、工伤保险费、生育保险费和失业保险费。

3. 管理人员张华报销职工医疗费8 000元,以银行存款支付。

4. 本月10日工资发放完毕。

5. 丙公司为公司高层管理人员提供免费使用的汽车。本月应计提的小轿车折旧为60 000元。同时,公司为高级人才提供免费租赁住房一套,本月应支付租赁费8 000元。

要求:根据上述经济业务,编制相关会计分录。

实训五

目的:实训应交消费税的核算。

资料:某企业发生下列有关经济业务:

1. 该企业属于增值税一般纳税企业,本月销售摩托车20辆,每辆售价为30 000元(不含应向购买方收取的增值税税额),货款未收到。摩托车每辆成本为12 000元。增值税税率为17%,消费税税率为10%。

2. 该企业委托外单位加工材料,原材料价款为100 000元,加工费用为24 000元,由受托方代收代缴的消费税为6 000 元,增值税税率为17%。材料已加工完毕验收入库,准备进一步加工应税消费品。加工费以银行存款支付。

要求:根据上述经济业务,编制会计分录。

实训六

目的:实训其他税费的核算。

资料:某企业发生下列有关经济业务:

1. 该企业转让一项专利权的所有权,收取价款 50 000 元,该专利权账面价值为25 000 元,转让无形资产的营业税税率为5%。

2. 该企业本期主营业务应交增值税10 000 元、消费税5 000 元、营业税3 000 元。按5%计算应交城市维护建设税,按3%计算应交的教育费附加。

3. 该企业本期应交房产税3 200 元、车船税2 800 元、城镇土地使用税3 000 元。

要求:根据上述经济业务,编制会计分录。

实训七

目的:实训长期借款的核算。

资料:某企业新建办公楼一座,为建设办公楼借入一笔长期借款,有关资料如下:

1. 2012 年1 月1 日借入3 年期借款 100 万元,存入银行,年利率为 8%,每年年初支付利息,到期一次还本。该办公楼建设期为2 年,2 年后达到预定可使用状态。

2. 2012 年年末,计提当年长期借款利息。

3. 2013 年1 月1 日支付利息。

4. 3 年后,长期借款到期,偿还借款本金和支付最后一期利息。

要求:根据上述经济业务,编制有关会计分录。

实训八

目的:实训企业发行到期一次还本付息的公司债券的核算。

资料:某公司 2012 年1 月1 日发行面值为 800 万元的公司债券,年利率为 12%,期限为3 年,到期一次还本付息。发行时市场利率为 12%,采用面值发行。该公司发行公司债券所筹集的资金全部用于生产经营。该公司每年计提债券利息。3 年后,债券到期,归还本金及利息。

要求:根据上述经济业务,编制下列会计分录:

1. 发行公司债券的会计分录。

2. 每年计提利息的会计分录。

3. 到期还本付息的会计分录。

实训九

目的:实训企业发行分期付息、到期还本的公司债券的核算。

资料:某公司2010年3月1日发行面值为1 000万元的公司债券,年利率为8%,期限为3年,每年8月31日和2月28日计息,每年9月1日和3月1日支付利息。假定发行时市场利率为8%,公司采用面值发行。该公司发行公司债券所筹集的资金全部用于厂房建设,建设期为一年半。

要求:根据上述经济业务,编制下列会计分录:

1. 2010年3月1日发行公司债券的会计分录。
2. 每年8月31日和2月28日计提利息的会计分录。
3. 每年9月1日和3月1日支付利息的会计分录。
4. 到期还本及支付最后一期利息的会计分录。

实训十

目的:实训借款费用的核算。

资料:某公司2012年1月1日开始动工建造一幢厂房,施工期为2年。

1. 公司从银行借入专门借款如下:

(1)2012年1月1日,借入2年期借款1 000万元,年利率为8%;

(2)2012年7月1日,借入3年期借款500万元,年利率为9%。

2. 资产支出如下:

(1)2012年1月1日,支出600万元;

(2)2012年4月1日,支出300万元;

(3)2012年9月1日,支出400万元;

(4)2013年1月1日,支出100万元。

3. 企业因有借款而将未动用的资金用于短期投资,月投资收益率为0.3%。

要求:根据上述经济业务,进行下列会计处理:

1. 计算该公司2012年借款利息费用的资本化金额,并编制有关借款费用的会计分录。

2. 计算该公司2013年借款利息费用的资本化金额,并编制有关借款费用的会计分录。

实训十一

目的:实训借款费用的核算。

资料:某公司2012年4月1日开始动工建造一幢厂房,施工期为一年半。

1. 公司从银行借入一般借款如下:

(1)2012年1月1日,借入2年期一般借款800万元,年利率为8%;

(2)2012 年 7 月 1 日,借入 3 年期一般借款 600 万元,年利率为 10%。

2. 资产支出如下:

(1)2012 年 1 月 1 日,支出 400 万元;

(2)2012 年 4 月 1 日,支出 300 万元;

(3)2012 年 9 月 1 日,支出 600 万元。

要求:根据上述经济业务,进行下列会计处理:

1. 计算该公司 2012 年一般借款利息的资本化率。

2. 计算该公司 2012 年资产支出累计加权平均数。

3. 计算该公司 2012 年借款利息费用的资本化金额。

4. 编制该公司 2012 年有关借款费用的会计分录。

实训十二

目的:综合实训应付职工薪酬的核算。

资料:甲上市公司为增值税一般纳税人,适用的增值税税率为 17%。2013 年 8 月发生与职工薪酬有关的交易或事项如下:

1. 对行政管理部门使用的设备进行日常维修,应付企业内部维修人员工资 1.2 万元。

2. 对以经营租赁方式购入的生产线进行改良,应付企业内部改良工程人员工资 3 万元。

3. 为公司总部下属 25 位部门经理每人配备汽车一辆免费使用,假定每辆汽车每月计提折旧 0.08 万元。

4. 将 50 台自产的 V 型厨房清洁器作为福利分配给本公司行政管理人员。该厨房清洁器每台生产成本为 1.2 万元,市场售价为 1.5 万元(不含增值税)。

5. 月末,分配职工工资 150 万元,其中直接生产产品人员工资 105 万元,车间管理人员工资 15 万元,企业行政管理人员工资 20 万元,专设销售机构人员工资 10 万元。

6. 以银行存款缴纳职工医疗保险费 5 万元。

7. 按规定计算代扣代缴职工个人所得税 0.8 万元。

8. 以现金支付职工李某生活困难补助 0.1 万元。

9. 从应付张经理的工资中,扣回上月代垫的应由其本人负担的医疗费 0.8 万元。

要求:编制甲上市公司 2013 年 8 月上述交易或事项的会计分录。

(“应交税费”科目要求写出明细科目和专栏名称;答案中的金额单位用万元表示)

实训十三

目的:综合实训长期借款的核算。

资料:某企业 2011 年发生的长期借款和仓库建造业务如下:

1. 2011 年 1 月 1 日,为建造一幢仓库从银行取得长期借款 800 万元,期限为 3 年,合同年利率为 6%(合同利率等于实际利率),不计复利,每年年末计提并支付利息一次,到期一次还本。

2. 2011 年 1 月 1 日,开始建造仓库,当日用该借款购买 500 万元的工程物资(不考虑增值税),全部用于工程建设,同时支付工程款 300 万元。

3. 2011 年 12 月 31 日,仓库工程完工并验收合格,达到预定可使用状态。仓库达到预定可使用状态前发生的借款利息全部予以资本化。该仓库预计使用年限为 20 年,预计净残值为 8 万元,采用年限平均法计提折旧。

假定未发生其他建造支出。

要求:

1. 编制取得长期借款的会计分录。
2. 编制 2011 年 12 月 31 日计提长期借款利息的会计分录。
3. 计算仓库完工交付使用时的入账价值并编制结转仓库成本的会计分录。
4. 计算仓库 2012 年应计提的折旧额并编制仓库 2012 年计提折旧的会计分录。
5. 编制 2012 年 12 月 31 日计提长期借款利息的会计分录。

(答案中的金额单位用万元表示)

第11章 债务重组

训练目标

1. 了解债务重组的概念。
2. 掌握债务重组的特点,能正确判断债务重组的情形。
3. 掌握债务重组有哪些方式以及债务重组日的确定。
4. 熟练掌握在各种债务重组方式下会计处理的一般原则及会计处理方法。

关键术语

债务重组　以资产清偿债务　债务转为资本　修改其他债务条件　混合重组方式　债务重组日　或有应付金额　或有应收金额

练习题

一、单项选择题

1. 下列各项中,应作为债务重组前提的是(　　)。

A. 债务人不愿意还款　　B. 法院判决

C. 债务人与债权人签订了协议　　D. 债务人发生财务困难

2. 下列事项中,不属于债务重组的是(　　)。

A. 减免应收利息　　B. 将债务转为资本

C. 将可转换公司债券转为资本　　D. 减免部分本金

3. 债务人在债务重组时以低于应付债务账面价值的现金清偿的,企业实际支付的金额小于应付债务账面价值的差额,记入的会计科目是(　　)。

A. "营业外收入"　B. "资本公积"　C. "财务费用"　D. "管理费用"

4. 甲公司应收乙公司货款 800 万元。经磋商,双方同意按 600 万元结清该笔货款。甲公司已经为该笔应收账款计提了 100 万元坏账准备。在债务重组日,该事项对甲公司和乙公司的影响分别为(　　)。

A. 甲公司资本公积减少 200 万元,乙公司资本公积增加 200 万元

B. 甲公司营业外支出增加 100 万元,乙公司资本公积增加 200 万元

C. 甲公司营业外支出增加 200 万元,乙公司营业外收入增加 200 万元

D. 甲公司营业外支出增加 100 万元,乙公司营业外收入增加 200 万元

5. 甲公司因销售货物应收乙公司款项 5 000 万元,并对该款项计提了坏账准备 1 000 万元。现因乙公司暂时性财务困难进行债务重组。重组协议规定,乙公司当即以银行存款 4 200 万元偿债,其余款项甲公司予以免除。则甲公司实际收到款项时应做的会计分录为(　　)。

A. 借:银行存款　　4 200
　　坏账准备　　1 000
　贷:应收账款　　　5 000
　　资产减值损失　　200

B. 借:银行存款　　4 200
　　坏账准备　　800
　贷:应收账款　　　5 000

C. 借:银行存款　　4 200
　　坏账准备　　1 000
　贷:应收账款　　　5 000
　　营业外收入　　200

D. 借:银行存款　　4 200
　　营业外支出　　800
　贷:应收账款　　　5 000

6. 以非现金资产清偿债务的方式下,债权人收到非现金资产时应以(　　)入账。

A. 非现金资产的原账面价值

B. 应收债权的账面价值加上应支付的相关税费

C. 非现金资产的公允价值

D. 非现金资产的原账面价值加上应支付的相关税费

7. 债务人以固定资产抵偿债务的,借记"应付账款"科目,按用于清偿债务的固定资产的公允价值,贷记"固定资产清理"科目,按应支付的相关税费,贷记"银行存款"等科目,按其差额,贷记的科目是(　　)。

A. "资本公积"　　B. "管理费用"　　C. "营业外支出"　　D. "营业外收入"

8. 2013 年 1 月 1 日,深广公司销售一批材料给红星公司,含税价为 105 000 元;2013 年 7 月 1 日,红星公司发生财务困难,无法按合同规定偿还债务,经双方协议,深广公司同意红星公司用产品抵偿该应收账款。该产品市价为 80 000 元,增值税税率为 17%,产品成本为 70 000 元。红星公司为用于抵债的产品计提了存货跌价准备 500 元,深广公司为债权计提了坏账准备 500 元。假定不考虑其他税费。深广公司接受的存货的入账价值为(　　)元。

A. 91 400　　B. 80 000　　C. 90 900　　D. 70 000

9. 甲公司为增值税一般纳税人,适用的增值税税率为 17%。甲公司与乙公司就其所欠乙公司购货款 450 万元进行债务重组。根据协议,甲公司以其产品抵偿债务,甲公司交付产品后双方的债权债务结清。甲公司已将用于抵债的产品发出,并开出增值税专用发票。甲公司用于抵债的产品的账面余额为 300 万元,已计提的存货跌价准备为 30 万

元,公允价值(计税价格)为350万元。甲公司对该债务重组应确认的债务重组利得为(　　)万元。

A. 40.5　　B. 100　　C. 12.5　　D. 180

10. 2013年1月10日,A公司销售一批材料给B公司,同时收到B公司签发并承兑的一张面值为100 000元、年利率为7%、期限为6个月、到期还本付息的票据。7月10日,B公司发生财务困难,无法承兑票据,经双方协议,A公司同意B公司用一台设备抵偿该应收票据。该设备历史成本为120 000元,累计折旧为30 000元,评估确认的公允价值为95 000元,假定不考虑相关税费。该设备于7月11日运往A公司,则B公司应确认的债务重组收益为(　　)元。

A. 5 000　　B. 9 000　　C. 5 500　　D. 8 500

11. 2013年1月3日,甲公司因购买材料而欠乙公司购货款及税款合计为2 500万元。甲公司无法偿付应付账款,2013年5月2日经双方协商同意,甲公司以普通股偿还债务,假设普通股每股面值为1元,股票市价为每股8元,甲公司以300万股偿还该项债务。2013年6月1日办理完毕增资手续,乙公司对应收账款提取坏账准备20万元。甲公司因债务重组而产生的差额为(　　)。

A. 资本公积——股本溢价2 100万元,营业外收入——债务重组利得100万元

B. 资本公积——股本溢价2 200万元

C. 营业外收入2 200万元

D. 资本公积——股本溢价100万元,营业外收入——债务重组利得2 100万元

12. 甲公司就应收A公司账款250万元与A公司进行债务重组,甲公司同意将应收A公司债权250万元免除50万元,并同意A公司将剩余债务延期两年偿还,按年利率5%计息(假定名义利率等于实际利率),利息按年支付,同时约定,如果A公司一年后有盈利,每年按8%计息。甲公司未对该应收账款计提坏账准备。甲公司债务重组损失为(　)万元。

A. 30　　B. 24　　C. 50　　D. 18

13. 甲公司销售一批商品给丙公司,开出的增值税专用发票上注明销售价款为100万元、增值税为17万元,丙公司到期无力支付款项,甲公司同意丙公司将其拥有的一项可供出售金融资产用于抵偿债务。丙公司该资产"可供出售金融资产——成本"的余额为80万元,"可供出售金融资产——公允价值变动"的借方余额为10万元,公允价值为95万元;甲公司已为该项应收账款计提20万元坏账准备。则债务重组时丙公司下列本期发生额正确的是(　)。

A. 营业外收入贷方发生额22万元,投资收益贷方发生额15万元

B. 营业外收入贷方发生额22万元,投资收益贷方发生额5万元

C. 营业外收入贷方发生额37万元,投资收益贷方发生额0万元

D. 营业外收入贷方发生额12万元,投资收益贷方发生额5万元

14. 在以现金、非现金资产和修改其他债务条件混合重组方式清偿债务的情况下,以下处理的先后顺序正确的是(　)。

A. 非现金资产方式、现金方式、修改其他债务条件

B. 现金方式、非现金资产方式、修改其他债务条件

C. 修改其他债务条件、非现金资产方式、现金方式

D. 现金方式、修改其他债务条件、非现金资产方式

15. 甲公司同意乙公司以其持有的 A 公司股票和一项无形资产偿还所欠的1 100万元货款。乙公司作为交易性金融资产核算的股票的账面价值为 405 万元，此外已宣告发放但尚未领取的现金股利为 7.5 万元，公允价值为 435 万元；无形资产的账面余额为 670 万元，已计提摊销额为 60 万元，公允价值为 600 万元；营业税税率为 5%。乙公司债务重组的正确会计处理是(　　)。

A. 营业外支出为 40 万元；投资收益为 22.5 万元；债务重组利得为 65 万元

B. 营业外支出为 30 万元；投资收益为 22.5 万元；债务重组利得为 75 万元

C. 投资收益为 22.5 万元；营业外收入为 25 万元

D. 营业外支出为 40 万元；投资收益为 30 万元；债务重组利得为 65 万元

16. 下列处理正确的是(　　)。

A. 以现金清偿债务的，债权人应当将重组债权的账面余额与收到的现金之间的差额计入资本公积

B. 债务人以非现金资产清偿债务的，如果发生了运杂费等，应直接计入转让资产损益之中

C. 在以非现金资产清偿债务方式下，如果债权人不向债务人另行支付增值税，则增值税进项税额不能作为冲减重组债权的账面余额处理

D. 在债务转为资本的偿债方式下，债权人在债务重组日，应当将享有股权的实际成本确认为对债务人的投资

17. 下列各项以非现金资产清偿全部债务的债务重组中，属于债务人债务重组利得的是(　　)。

A. 非现金资产账面价值小于其公允价值的差额

B. 非现金资产账面价值大于其公允价值的差额

C. 非现金资产公允价值小于重组债务账面价值的差额

D. 非现金资产账面价值小于重组债务账面价值的差额

18. 2013 年 3 月 31 日，甲公司应付某金融机构一笔贷款 100 万元到期，因发生财务困难，短期内无法支付。当日，甲公司与该金融机构签订债务重组协议，约定减免甲公司债务的 20%，其余部分延期两年支付，年利率为 5%(相当于实际利率)，利息按年支付。该金融机构已为该项贷款计提了 10 万元坏账准备。假定不考虑其他因素，甲公司在该项债务重组业务中确认的债务重组利得为(　　)万元。

A. 10　　B. 12　　C. 16　　D. 20

二、多项选择题

1. 有关债务重组的基本特征表述正确的有(　　)。

A. 债务重组是指在债务人发生财务困难的情况下，债权人按照其与债务人达成的协议或者法院的裁定作出让步的事项

B. “债务人发生财务困难”，是指因债务人出现资金周转困难、经营陷入困境或者其他方面的原因等，导致其无法或者没有能力按原定条件偿还债务的情况

C. “债权人作出让步”，是指债权人同意发生财务困难的债务人现在或者将来以低于重组债务账面价值的金额或者价值偿还债务

D. “债权人作出让步”的情形主要包括债权人减免债务人部分债务本金或者利息、降低债务人应付债务的利率等

2. 下列各项中，不属于债务重组的有(　　)。

A. 债务人发行的可转换债券按正常条件转换为股权

B. 债务人破产清算时以低于债务账面价值的现金清偿债务

C. 债务人因资金周转困难，以公允价值低于重组债务的非现金资产抵偿债务

D. 债务人借新债还旧债

3. 关于债务重组准则中以现金清偿债务的，下列说法中正确的有(　　)。

A. 债务人应当将重组债务的账面价值与实际支付现金之间的差额计入当期损益

B. 若债权人未对应收债权计提减值准备，债权人应当将重组债权的账面余额与收到的现金之间的差额计入当期损益

C. 若债权人已对债权计提减值准备，应当先将该差额冲减减值准备，减值准备不足以冲减的部分，计入当期损益

D. 若债权人已对债权计提减值准备，债权人应当将实际收到的款项大于应收债权账面价值的差额，计入当期损益

4. 债务人以非现金资产清偿债务时，影响债权人债务重组损失的项目有(　　)。

A. 债权人计提的坏账准备

B. 债务人计提的该资产的减值准备

C. 可抵扣的增值税进项税额

D. 债权人为取得受让资产而支付的税费

5. 债务人以非现金资产抵偿债务时，用以抵偿债务的非现金资产公允价值(如果是存货还要加上相应的销项税额)与重组债务账面价值的差额，不可能计入(　　)。

A. 资本公积　　B. 管理费用

C. 营业外收入　　D. 资产减值损失

6. 债务人以非现金资产清偿债务的，非现金资产转让收益记入的科目可能有(　　)。

A. “主营业务收入”　　B. “其他业务收入”

C. “营业外收入”　　D. “投资收益”

7. 下列关于以非现金资产抵债方式下债务重组的论断中，正确的有(　　)。

A. 抵债资产为存货的，应当视同销售处理，按存货的公允价值确认商品销售收入，同时结转商品的销售成本，确认相关的税费

B. 抵债资产为固定资产、无形资产的，其公允价值和账面价值的差额，计入营业外收入或营业外支出

C. 抵债资产为长期股权投资的，其公允价值和账面价值的差额，计入投资收益

D. 以非现金资产清偿债务的，债权人应当对受让的非现金资产按其公允价值入账，重组债权的账面余额与受让的非现金资产的公允价值之间的差额，在符合金融资产终止确认条件时，计入当期损益（营业外支出）

8. 关于债务重组中以非现金资产清偿债务的，下列说法中正确的有（　　）。

A. 债务人在转让非现金资产的过程中发生的一些税费，直接计入转让资产损益

B. 如果债权人不向债务人另行支付增值税，则债务人的债务重组利得应为转让非现金资产的公允价值与重组债务账面价值的差额

C. 债权人应当对受让的非现金资产按其公允价值入账

D. 相关重组债权应当在满足金融资产终止确认条件时予以终止确认

9. 2013年3月31日，甲公司应收乙公司的一笔贷款500万元到期，由于乙公司发生财务困难，该笔贷款预计短期内无法收回。甲公司已为该项债权计提减值准备100万元。当日，甲公司就该债权与乙公司进行协商。下列协商方案中，属于债务重组的有（　　）。

A. 减免100万元债务，其余部分立即以现金偿还

B. 减免50万元债务，其余部分延期两年偿还

C. 以公允价值为500万元的固定资产偿还

D. 以现金100万元和公允价值为400万元的无形资产偿还

10. 债务重组中，下列说法正确的有（　　）。

A. 以现金清偿债务的，支付的现金小于应付债务账面价值的差额，计入资本公积

B. 以非现金资产清偿债务的，债务人应当将重组债务的账面价值与转让的非现金资产公允价值之间的差额计入当期损益

C. 修改其他债务条件的，债务人应当将修改其他债务条件后债务的公允价值作为重组后债务的入账价值。重组债务的账面价值与重组后债务的入账价值之间的差额，计入当期损益

D. 债权人收到存货、固定资产、无形资产、长期股权投资等非现金资产的，应当以其公允价值入账

11. 关于债务重组准则中将债务转为资本的，下列说法中正确的有（　　）。

A. 债务人应当将债权人放弃债权而享有股份的面值总额确认为股本（或者实收资本），股份的公允价值总额与股本（或者实收资本）之间的差额确认为债务重组利得

B. 债务人应当将债权人放弃债权而享有股份的面值总额确认为股本（或者实收资本），股份的公允价值总额与股本（或者实收资本）之间的差额确认为资本公积

C. 重组债务的账面价值与股份的公允价值总额之间的差额，计入当期损益

D. 重组债务的账面价值与股份的面值总额之间的差额,计入当期损益

12. 在延期付款清偿债务并附或有支出条件的情况下,下列说法正确的有(　　)。

A. 修改后的债务条款如涉及或有应付金额,且该或有应付金额符合预计负债确认条件的,债务人应当将该或有应付金额确认为预计负债。重组债务的账面价值与重组后债务的入账价值和预计负债金额之和的差额,计入当期损益

B. 修改后的债务条款中涉及或有应收金额的,债权人不应当确认或有应收金额,不得将其计入重组后债权的账面价值

C. 或有应付金额在随后会计期间没有发生的,企业应当冲销已确认的预计负债,同时确认营业外收入

D. 债务人应当将修改其他债务条件后债务的公允价值作为重组后债务的入账价值。重组债务的账面价值与重组后债务的入账价值之间的差额,计入当期损益

13. 修改其他债务条件进行债务重组的方式一般有(　　)。

A. 债务转为资本　　　　B. 减少债务本金

C. 减少债务利息　　　　D. 延长债务偿还期限并加收利息

14. 对于债权人而言,有关债务重组处理正确的有(　　)。

A. 应将重组债权的账面余额与受让资产的公允价值、所享有股份的公允价值或者重组后债权的账面价值之间的差额确认为债务重组损失,计入营业外支出

B. 重组债权已经计提了减值准备的,应当先将上述差额冲减减值准备,以冲减后的余额作为债务重组损失,计入营业外支出

C. 债权人收到存货、固定资产、无形资产、长期股权投资等抵债资产的,应当以其账面价值入账

D. 或有应收金额属于或有资产,由于或有资产不予确认,债权人不应确认或有应收金额

15. 下列各项中,属于债务重组日债务人应计入重组后负债账面价值的有(　　)。

A. 债权人同意减免的债务

B. 债务人在未来期间应付的债务本金

C. 债务人在未来期间应付的债务利息

D. 债务人符合预计负债确认条件的或有应付金额

三、判断题

1. 只要债权人对债务人的债务作出了让步,不管债务人是否发生财务困难,都属于准则所定义的债务重组。(　　)

2. 债务重组,是指在债务人发生财务困难的情况下,债权人按照其与债务人达成的协议或者法院的裁定作出让步的事项,如果债权人未作出让步,则不能界定为债务重组。(　　)

3. 债务人破产清算时发生的债务重组、债务人改组、借新债还旧债属于准则所规范

的债务重组范围。(　　)

4. 债务重组业务中,债权人可能对债务人作出让步,也可能不作出让步。(　　)

5. 债务人在债务重组时以低于应付债务的账面价值的现金清偿的,债权人实际收到的金额小于应收债权账面价值的差额,计入当期营业外支出。(　　)

6. 重组债权已计提减值准备的,应当先将收到资产的入账价值与重组债权的账面余额之间的差额冲减已计提的减值准备,冲减后仍有损失的,计入营业外支出(债务重组损失);冲减后减值准备仍有余额的,应予以转回并抵减当期资产减值损失。(　　)

7. 债权人在债务重组中收到的非现金资产,应以其公允价值入账。(　　)

8. 债务人以其生产的产品抵偿债务的,应视同销售,要确认相应的收入,同时结转成本。(　　)

9. 以企业持有的股权投资偿还债务的,资产账面价值与公允价值的差额计入投资收益核算。(　　)

10. 在债务重组中,债务人以现金、非现金资产两种方式的组合清偿债务的,债务人应先以支付的现金冲减重组债务的账面价值,再按以非现金资产清偿债务的会计原则进行处理。(　　)

11. 采用修改其他债务条件方式进行债务重组的,债务人应当将修改其他债务条件后债务的公允价值作为重组后债务的入账价值。重组债务的账面价值与重组后债务的入账价值之间的差额,计入当期损益。(　　)

12. 修改后的债务条款如涉及或有应付金额,且该或有应付金额符合《企业会计准则第 13 号——或有事项》中有关预计负债确认条件的,债务人应当将该或有应付金额确认为预计负债。重组债务的账面价值与重组后债务的入账价值和预计负债金额之和的差额,计入当期损益(营业外收入)。(　　)

13. 在债务重组中,债务人的或有应付金额在随后会计期间没有发生的,应在结算时转入资本公积。(　　)

14. 修改其他债务条件涉及的或有应收金额属于或有资产,债权人应确认或有应收金额。(　　)

15. 如果债权人受让涉及多项非现金资产的资产,应在计算确定的入账价值范围内,按非现金资产公允价值的相对比例确定各项非现金资产的入账价值。(　　)

实训题

实训一

目的:实训以现金清偿债务方式的债务重组的会计核算。

资料:甲公司近因发生财务困难,致使 6 个月前欠乙公司的 90 000 元货款无法按期偿还,后经双方协商,乙公司同意减免甲公司 5 000 元债务,其余部分即以银行存款支付。

乙公司已对该项应收账款计提了1 000元的坏账准备。

要求:根据上述资料,分别做甲公司和乙公司的会计分录。

实训二

目的:实训以非现金资产偿还债务方式的债务重组的会计核算。

资料:甲公司近因发生财务困难,致使2个月前欠乙公司的120 000元货款无法按期偿还,后经双方协商,乙公司同意甲公司用自产B商品抵偿债务。B商品成本为90 000元,市场售价为100 000元,增值税税额为17 000元。乙公司已对该项应收账款计提了8 000元的坏账准备,受让的B商品作为材料管理。设甲公司和乙公司均为增值税一般纳税人。

要求:根据上述资料,分别做甲公司和乙公司的会计分录。

实训三

目的:实训以非现金资产偿还债务方式的债务重组的会计核算。

资料:伟业公司近因发生财务困难,致使6个月前欠思维公司的50 000元货款无法按期偿还,后经双方协商,思维公司同意伟业公司以其长期持有的F公司股票进行清偿。伟业公司长期持有的F公司股票的账面余额为40 000元。思维公司已对该项应收账款计提了3 000元的坏账准备。假定伟业公司和思维公司均为此以银行存款支付相关税费90元。

要求:根据上述资料,分别做伟业公司和思维公司的会计分录。

实训四

目的:实训将债务转为资本方式的债务重组的会计核算。

资料:甲公司2013年5月9日从乙公司购进一批W材料,交付一张面值为500 000元、期限为2个月的不带息商业承兑汇票。7月9日,甲公司因发生财务困难,无法兑付票据款。2013年8月,经双方协商,乙公司同意甲公司将其欠款转作投资以抵偿债务,债务转为资本后,乙公司所占份额为甲公司注册资本1 000万元的3%,该份额的公允价值为360 000元。双方于2013年9月9日办妥有关手续。

要求:根据上述资料,分别做甲公司和乙公司的会计分录。

实训五

目的:实训修改其他债务条件方式的债务重组的会计核算。

资料:甲公司近因发生财务困难,致使5个月前欠乙公司的40 000元货款无法按期偿还,后经双方协商,乙公司同意减免甲公司债务4 000元,其余欠款的还款期限再延长2个月。乙公司已对该项应收账款计提了3 000元的坏账准备。

要求:根据上述资料,分别做甲公司和乙公司的会计分录。

实 训 六

目的:实训混合重组方式的债务重组的会计核算。

资料:2011 年 4 月 1 日,东软公司销售一批商品给中德公司,销售货款总额为 300 万元(含增值税)。东软公司于同日收到中德公司开出承兑的一张票面金额为 300 万元、期限为 6 个月、票面年利率为 8% 的商业汇票。东软公司与中德公司按月计提该商业汇票的利息。2011 年 10 月 1 日,中德公司未能兑付到期票据,东软公司将应收票据本息余额转入应收账款,但不再计提利息。2011 年 12 月 5 日,双方经协商进行债务重组,签订的债务重组协议内容如下:

1. 中德公司以其持有的一项拥有完全产权的房产按公允价值抵偿部分债务。该房产在中德公司的账面原价为 100 万元,已计提折旧 30 万元,已计提减值准备 5 万元,公允价值为 60 万元。

2. 东软公司同意免除中德公司债务本金 40 万元及 2011 年 4 月 1 日至 2011 年 9 月 30 日已计提的全部利息。

3. 将剩余债务的偿还期限延长至 2012 年 12 月 31 日。在债务延长期间,剩余债务余额按年利率 5% 收取利息,本息到期一次偿付。

4. 该协议自 2011 年 12 月 31 日起执行。假定债务重组日之前,东软公司未对上述债权计提坏账准备。上述房产的所有权变更、部分债务解除手续及其他有关法律手续已于 2011 年 12 月 31 日完成。东软公司将取得的房产作为固定资产进行核算和管理。中德公司于 2012 年 12 月 31 日按上述协议规定偿付了所欠债务。

要求:根据上述资料,作出东软公司和中德公司相关账务处理。

第12章 所有者权益

训练目标

1. 熟悉所有者权益的概念、构成及其相应的经济含义。
2. 理解所有者权益与负债的区别与联系。
3. 理解实收资本、资本公积和盈余公积的关系。
4. 掌握实收资本(股本)的概念、投入资本的会计处理。
5. 掌握实收资本增减变动的会计处理。
6. 掌握资本公积的概念、来源及其会计处理。
7. 掌握留存收益的概念、内容及其会计处理。

关键术语

所有者权益　直接计入所有者权益的利得和损失　实收资本　股本　资本公积　留存收益　盈余公积　未分配利润　可供分配利润　可供投资者分配利润

练习题

一、单项选择题

1. 所有者权益是指企业所有者对企业(　　)的所有权。

A. 全部资产　　B. 全部负债

C. 流动资产减去流动负债　　D. 净资产

2. (　　)是指投资者实际投入企业经营活动的各种财产物资。它是企业所有者权益的主要组成部分。

A. 实收资本　　B. 资本公积

C. 盈余公积　　D. 未分配利润

3. 股本溢价是指股份有限公司发行股票时,发行价(　　)的部分。

A. 超过股票面值　　B. 等于股票面值
C. 低于股票面值　　D. 超过或低于股票面值

4. 盈余公积是企业从(　　)中提取的公积金。
A. 销售利润　　B. 营业利润
C. 利润总额　　D. 税后利润

5. 企业按所得税后利润的 10% 提取的法定盈余公积金达到注册资本的(　　)时可不再提取。
A. 5%　　B. 50%　　C. 30%　　D. 60%

6. 企业的实收资本一般不能随意变动,但按有关规定,(　　)可以转增资本。
A. 盈余公积　　B. 接受捐赠的资产
C. 专项物资　　D. 未分配利润

7. 下列会计事项中,会引起企业所有者权益总额变动的是(　　)。
A. 提取盈余公积　　B. 用盈余公积弥补亏损
C. 用盈余公积转增资本　　D. 用未分配利润分派现金股利

8. 企业用盈余公积转增资本时,保留的盈余公积金余额不得少于注册资本的(　　)。
A. 15%　　B. 20%　　C. 25%　　D. 50%

9. 企业的投资者投入的资本大于注册资本的数额应计入(　　)。
A. 实收资本　　B. 资本公积　　C. 盈余公积　　D. 未分配利润

10. 以募集方式成立的股份有限公司减资时,如果原为溢价发行的,则收购价格高于面值的部分冲减有关所有者权益的顺序为(　　)。
A. 资本公积、未分配利润、盈余公积　　B. 资本公积、盈余公积、未分配利润
C. 盈余公积、未分配利润、资本公积　　D. 未分配利润、资本公积、盈余公积

11. 甲公司委托证券公司代理发行普通股 6 000 万股,每股面值 1 元,按每股 1.2 元的价格发行,受托单位按发行收入的 2% 收取手续费并从发行收入中扣除。假如公司股款已经收到,该公司记入"资本公积"科目的金额是(　　)万元。
A. 1 200　　B. 0　　C. 1 086　　D. 1 056

12. 在所有者权益的构成项目中,作为确定各所有者享有企业权益份额依据的是(　　)。
A. 实收资本　　B. 资本公积　　C. 盈余公积　　D. 未分配利润

13. 下列各项中,会导致留存收益总额发生增减变动的是(　　)。
A. 资本公积转增资本　　B. 盈余公积补亏
C. 盈余公积转增资本　　D. 以当年净利润弥补以前年度亏损

14. 某企业 2012 年 1 月 1 日所有者权益构成情况如下:实收资本 1 500 万元,资本公积 100 万元,盈余公积 300 万元,未分配利润 200 万元。2012 年度实现利润总额为 600 万元,企业所得税税率为 25%。假定不存在纳税调整事项及其他因素,该企业 2012 年 12 月 31 日可供分配利润为(　　)万元。

A. 600　　B. 650　　C. 800　　D. 1 100

15. 某股份有限公司按法定程序报经批准后采用收购本公司股票方式减资,购回股票支付价款低于股票面值总额的,所注销库存股账面余额与冲减股本的差额应计入(　　)。

A. 盈余公积　　B. 营业外收入　　C. 资本公积　　D. 未分配利润

16. 某企业盈余公积年初余额为 50 万元,本年利润总额为 600 万元,所得税费用为 150 万元,按净利润的 10% 提取法定盈余公积,并将盈余公积 10 万元转增资本。该企业盈余公积年末余额为(　　)万元。

A. 40　　B. 85　　C. 95　　D. 110

17. 甲股份有限公司委托乙证券公司发行普通股,股票面值总额为 4 000 万元,发行总额为 16 000 万元,发行费按发行总额的 2% 计算(不考虑其他因素),股票发行净收入全部收到。甲股份有限公司该笔业务记入“资本公积”科目的金额为(　　)万元。

A. 4 000　　B. 11 680　　C. 11 760　　D. 12 000

18. 某企业年初所有者权益为 160 万元,本年度实现净利润 300 万元,以资本公积转增资本 50 万元,提取盈余公积 30 万元,向投资者分配现金股利 20 万元。假设不考虑其他因素,该企业年末所有者权益为(　　)万元。

A. 360　　B. 410　　C. 440　　D. 460

二、多项选择题

1. 所有者权益与债权人权益相比较,区别在于(　　)。

A. 享受权利不同　　B. 投资对象不同

C. 偿还期限不同　　D. 法律地位不同

2. 所有者权益包括(　　)。

A. 实收资本　　B. 资本公积

C. 盈余公积　　D. 未分配利润

3. 企业的留存收益包括(　　)。

A. 资本公积　　B. 法定盈余公积

C. 任意盈余公积　　D. 未分配利润

4. 盈余公积的用途有(　　)。

A. 转增资本　　B. 弥补亏损

C. 发放股利　　D. 偿还贷款

5. 弥补亏损的途径主要有(　　)。

A. 用实收资本弥补　　B. 用盈余公积弥补

C. 用资本公积弥补　　D. 用不超过 5 年的税前利润弥补

6. 下列事项中,会引起所有者权益减少的有(　　)。

A. 发放股票股利　　B. 发放现金股利

C. 减少资本　　D. 以资本公积转增股本

7. 企业发行股票,支付给券商的费用应视情况记入(　　)科目。
A. "财务费用"　　B. "长期待摊费用"
C. "资本公积"　　D. "盈余公积"
8. 下列项目中,属于"利润分配"科目下的明细科目的有(　　)。
A. "提取法定盈余公积"　　B. "应付现金股利"
C. "盈余公积补亏"　　D. "未分配利润"
9. 下列仅影响所有者权益要素结构变动的项目有(　　)。
A. 用盈余公积弥补亏损　　B. 用盈余公积转增资本
C. 分配现金股利　　D. 用资本公积转增资本
10. 股份有限公司增加股本的途径主要有(　　)。
A. 盈余公积转为股本　　B. 资本公积转为股本
C. 发放股票股利　　D. 债务重组下债务转为股本
11. 下列各项中,年度终了需要转入"利润分配——未分配利润"科目的有(　　)。
A. "本年利润"　　B. "利润分配——应付现金股利"
C. "利润分配——盈余公积补亏"　　D. "利润分配——提取法定盈余公积"
12. 下列各项中,不会引起留存收益变动的有(　　)。
A. 盈余公积补亏　　B. 计提法定盈余公积
C. 盈余公积转增资本　　D. 计提任意盈余公积
13. 下列各项中,构成企业留存收益的有(　　)。
A. 资本溢价　　B. 未分配利润
C. 任意盈余公积　　D. 法定盈余公积
14. 下列各项中,不会引起所有者权益总额发生增减变动的有(　　)。
A. 宣告发放股票股利　　B. 资本公积转增资本
C. 盈余公积转增资本　　D. 接受投资者追加投资
15. 年度终了,下列账户没有余额的有(　　)。
A. "本年利润"　　B. "利润分配——应付现金股利"
C. "利润分配——未分配利润"　　D. "利润分配——提取法定盈余公积"

三、判断题

1. 所有者权益就是投资人对企业净资产的要求权。(　　)
2. 所有者权益比债权人权益具有更大的风险。(　　)
3. 所有者权益对企业剩余资产的要求权,在企业清算时位于债权人之前。(　　)
4. 债权人不能参与企业利润分配。(　　)
5. 企业接受的原材料投资,其增值税税额不能计入投入资本的成本。(　　)
6. 企业用资本公积按规定程序转增资本,虽然增加了企业的注册资本,但不改变所有者权益总额。(　　)
7. 年终结转后,"利润分配——未分配利润"账户的余额通常在借方,表示尚未分配

的利润。(　　)

8. 投资者投入企业的资本应全部记入“实收资本”账户。(　　)

9. 无论是以税前利润还是以税后利润弥补亏损,会计上均无须作专门账务处理。(　　)

10. 库存股就是公司将已经发行出去的股票从市场中买回,存放于公司,而尚未再出售或注销的股票。(　　)

实训题

实训一

目的:实训投入资本的会计核算。

资料:A 公司为增值税一般纳税人,2013 年 4 月发生如下经济业务:

1. 4 月 5 日,接到银行通知,投资者向该公司投入资本人民币 4 000 000 元到账。

2. 4 月 10 日,该公司收到 M 公司投入的设备一台,投出单位该设备原价为 600 000 元,已提折旧 40 000 元,经评估确认该设备的价值为 550 000 元,增值税为 93 500 元。

3. 国家以土地使用权向该公司投资,土地使用权的协议价为 300 000 元。

4. 该公司收到 P 公司投入的设备一台,原价为 1 200 000 元,经评估确认价值为 1 280 000 元。

5. 该公司收到 N 公司投入的原材料一批,价值为 200 000 元,增值税专用发票列明的增值税为 34 000 元。

要求:根据上述经济业务,编制有关的会计分录。

实训二

目的:实训股份有限公司发行和收购股票的会计核算。

资料:

1. C 股份有限公司 2009 年 10 月经批准增发普通股 5 000 万股,核定股本 5 000 万元,每股面值 1 元,以市价 4.50 元发行 3 000 万股,在发行过程中支付发行费用 400 万元,公司已办妥增资变更手续,认股款已存入银行。

2. 2012 年 9 月,C 股份有限公司因经营方针变化,收缩经营规模,经批准通过收购本公司股票减少普通股股本 300 万股,以回购价每股 5.20 元收回。该公司“资本公积”账户贷方余额为 1 200 万元、“盈余公积”账户贷方余额为 700 万元、“利润分配——未分配利润”账户贷方余额为 800 万元。

要求:根据以上经济业务,编制相关的会计分录。

(答案中的金额单位用万元表示)

实训三

目的:实训资本公积、盈余公积的会计核算。

资料:F公司2013年发生有关公积金的经济业务如下:

1. F公司决定从税后利润中拿出75 000元分给投资者。

2. F公司按照规定办理增资手续后,将资本公积90 000元转增注册资本。该公司原有注册资本4 500 000元,其中甲、乙、丙三家公司法人资本各占1/3。

3. F公司用盈余公积86 000元弥补以前年度亏损。

4. F公司经批准用盈余公积转增资本100 000元。

要求:根据上述经济业务编制F公司有关会计分录。

实训四

目的:实训利润分配的会计核算。

资料:H股份公司2013年1月发生以下经济业务:

1. H股份公司董事会决定,从税后利润中提取任意盈余公积金8 000元。

2. H股份公司本年亏损,但为了维护企业信誉,经董事会决定,用盈余公积向股东发放现金股利,金额为10 000元。

3. H股份公司用银行存款支付应付现金股利10 000元。

要求:根据上述经济业务,编制有关的会计分录。

实训五

目的:综合实训所有者权益的会计核算。

资料:甲上市公司2012年至2013年发生的与其股票有关的业务如下:

1. 2012年1月4日,经股东大会决议,并报有关部门核准,增发普通股40 000万股,每股面值1元,每股发行价格5元,股款已全部收到并存入银行。假定不考虑相关税费。

2. 2012年6月20日,经股东大会决议,并报有关部门核准,以资本公积4 000万元转增股本。

3. 2013年6月20日,经股东大会决议,并报有关部门核准,以银行存款回购本公司股票100万股,每股回购价格为3元。

4. 2013年6月26日,经股东大会决议,并报有关部门核准,将回购的本公司股票100万股注销。

要求:逐笔编制甲上市公司上述业务的会计分录。

(答案中的金额单位用万元表示)

实训六

目的:综合实训所有者权益的会计核算。

资料:甲股份有限公司(以下简称甲公司)2005年度至2013年度有关业务资料如下:

1. 2005年1月1日,甲公司股东权益总额为46 500万元(其中:股本为10 000万股,每股面值为1元;资本公积为30 000万元;盈余公积为6 000万元;未分配利润为500万元)。2005年度实现净利润400万元,股本与资本公积项目未发生变化。

2006 年 3 月 1 日,甲公司董事会提出如下预案:

(1)按 2005 年度实现净利润的 10% 提取法定盈余公积。

(2)以 2005 年 12 月 31 日的股本总额为基数,以资本公积(股本溢价)转增股本,每 10 股转增 4 股,计 4 000 万股。

2006 年 5 月 5 日,甲公司召开股东大会,审议批准了董事会提出的预案,同时决定分派现金股利 300 万元。2006 年 6 月 10 日,甲公司办妥了上述资本公积转增股本的有关手续。

2. 2006 年度,甲公司发生净亏损 3 142 万元。

3. 2007 年至 2012 年,甲公司分别实现利润总额 200 万元、300 万元、400 万元、500 万元、600 万元和 600 万元。假定甲公司采用资产负债表债务法核算所得税,适用的所得税税率为 25%,无其他纳税调整事项。

4. 2013 年 5 月 9 日,甲公司股东大会决定以法定盈余公积弥补 2012 年 12 月 31 日账面累计未弥补亏损。

假定:

1. 2006 年发生的亏损可用以后 5 年内实现的税前利润弥补;

2. 除前述事项外,其他因素不予考虑。

要求:

1. 编制甲公司 2006 年 3 月提取 2005 年度法定盈余公积的会计分录。

2. 编制甲公司 2006 年 5 月宣告分派 2005 年度现金股利的会计分录。

3. 编制甲公司 2006 年 6 月资本公积转增股本的会计分录。

4. 编制甲公司 2006 年度结转当年净亏损的会计分录。

5. 计算甲公司 2012 年度应交所得税并编制结转当年净利润的会计分录。

6. 计算甲公司 2012 年 12 月 31 日账面累计未弥补亏损。

7. 编制甲公司 2013 年 5 月以法定盈余公积弥补亏损的会计分录。

第13章 所得税

训练目标

1. 认识所得税会计的特点,理解所得税会计的重要性。

2. 熟悉永久性差异和时间性差异,正确识别两种差异。

3. 熟悉所得税核算的应付税款法,正确计算应交所得税和所得税费用。

4. 熟悉所得税核算的纳税影响会计法,正确计算应交所得税、递延所得税和所得税费用。

5. 熟悉资产负债表债务法的基本原理,并将该方法与纳税影响会计法进行比较。

6. 掌握资产和负债的计税基础,正确计算资产和负债的计税基础。

7. 掌握暂时性差异的基本概念,区分应纳税暂时性差异和可抵扣暂时性差异。

8. 比较时间性差异和暂时性差异,加深对暂时性差异的理解和运用。

9. 运用所得税法,正确计算应交所得税。

10. 运用资产负债表债务法,正确确认递延所得税资产和递延所得税负债,并确定所得税费用。

关键术语

永久性差异　时间性差异　应付税款法　纳税影响会计法　资产负债表债务法　计税基础　暂时性差异　应纳税暂时性差异　可抵扣暂时性差异　当期所得税　所得税费用　递延所得税资产　递延所得税负债

练习题

一、单项选择题

1. 下列项目中,属于时间性差异的是(　　)。

A. 税收罚款和滞纳金　　　　B. 企业违法经营罚款

C. 企业计提的存货跌价准备　　D. 超标准发放的工资

2. 下列项目中,属于永久性差异的是(　　)。

A. 企业计提的坏账准备

B. 企业计提的固定资产减值准备

C. 支付的税收滞纳金

D. 税法计提的固定资产折旧与会计计提的固定资产折旧的差异

3. 下列各项投资收益中,按税法规定免缴所得税,在计算纳税所得时应予以调整的项目是(　　)。

A. 国库券利息收入　　B. 股票转让收益

C. 公司债券利息收入　　D. 出售交易性金融资产收益

4. A 公司 2011 年 12 月 31 日购入价值 100 万元的管理用设备,预计使用年限为 5 年,无残值。会计上采用双倍余额递减法计提折旧,税法上允许采用直线法计提折旧。企业所得税税率为 25%,2012 年 12 月 31 日,在资产负债表上列示的递延所得税资产为(　　)万元。

A. 2.5　　B. 5　　C. 7.5　　D. 10

5. 某企业 2012 年应收账款余额为 200 万元,坏账准备提取率为 10%,年初坏账准备无余额。税法规定,企业提取的坏账准备不得在税前扣除。则应收账款的计税基础为(　　)万元。

A. 200　　B. 180　　C. 190　　D. 210

6. 某企业于 2011 年年末以 300 万元购入一项生产用固定资产,按照该项固定资产的预计使用情况,企业在会计核算时估计其使用寿命为 10 年,计税时按税法规定,其折旧年限为 20 年,假定税法和会计均按年限平均法计提折旧,净残值为零。2012 年该项固定资产的计税基础为(　　)万元。

A. 300　　B. 270　　C. 285　　D. 15

7. 某企业 2012 年度利润总额为 1 800 万元,其中本年度国债利息收入为 200 万元,已计入营业外支出的税收滞纳金为 6 万元;企业所得税税率为 25%。假定不考虑其他因素,该企业 2012 年度所得税费用为(　　)万元。

A. 400　　B. 401.5　　C. 450　　D. 498.5

8. 所得税采用资产负债表债务法核算,其暂时性差异是指(　　)。

A. 资产、负债的账面价值与其公允价值之间的差额

B. 资产、负债的账面价值与计税基础之间的差额

C. 会计利润与税法应纳税所得额之间的差额

D. 资产的账面价值与计税基础之间的差额

9. 下列各项负债中,其计税基础为零的是(　　)。

A. 因欠税产生的应交税款滞纳金　　B. 因购入存货形成的应付账款

C. 因确认保修费用形成的预计负债　　D. 为职工计提的应付养老保险费

10. 某股份有限公司所得税税率为 25%，本期存货跌价准备账面余额为 130 万元，本期销售时结转存货跌价准备 30 万元，计提存货跌价准备 100 万元，期初存货跌价准备余额为 60 万元，该存货除计提准备外与税法无其他的差异，因存货的暂时性差异应确认的资产负债表递延所得税本期期末数和本期发生数分别是(　　)。

A. 递延所得税资产 25 万元、8.25 万元(借方)

B. 递延所得税负债 41.5 万元、15 万元(贷方)

C. 递延所得税资产 32.5 万元、17.5 万元(借方)

D. 递延所得税负债 25 万元、0 万元(贷方)

二、多项选择题

1. 下列各项中，产生应纳税暂时性差异的有(　　)。

A. 根据长期股权投资权益法，投资企业调增的投资收益

B. 税法折旧大于会计折旧形成的差额部分

C. 对于存货，企业计提的存货跌价准备

D. 对于无形资产，企业根据期末可收回金额小于账面价值计提减值准备的部分

2. 由于会计准则或制度与税法在收益、费用或损失的确认和计量原则方面的不同，而导致按照会计制度计算的税前会计利润与按照税法规定计算的应税所得之间的差异，包括(　　)。

A. 时间性差异　　B. 永久性差异

C. 应纳税暂时性差异　　D. 可抵扣暂时性差异

3. 资产或负债的账面价值与其计税基础之间的差额，是指(　　)。

A. 时间性差异　　B. 永久性差异

C. 应纳税暂时性差异　　D. 可抵扣暂时性差异

4. 下列各项中，产生可抵扣暂时性差异的有(　　)。

A. 提取的产品质量保证费用　　B. 提取的存货跌价准备

C. 提取的固定资产减值准备　　D. 交易性金融资产公允价值变动收益

5. 下列各项中，产生暂时性差异的有(　　)。

A. 会计上固定资产的账面价值与其计税基础不一致

B. 确认国库券利息收入时同时确认的资产

C. 计提的存货跌价准备

D. 可计入应纳税所得额的坏账准备

6. 在不考虑其他因素的情况下，企业发生的下列交易或事项中，期末会引起"递延所得税资产"科目增加的有(　　)。

A. 本期转回计提的存货跌价准备

B. 本期计提的无形资产减值准备

C. 企业购入交易性金融资产,会计期末公允价值小于其初始确认金额
D. 实际发生产品售后保修费用,冲减已计提的预计负债

7. 下列项目中,会引起当期所得税费用增加的有(　　)。
A. 应交所得税
B. 本期发生的应纳税暂时性差异
C. 本期发生的可抵扣暂时性差异
D. 本期转回的可抵扣暂时性差异

8. 下列情况中会产生可抵扣暂时性差异的有(　　)。
A. 资产的账面价值大于计税基础　　B. 资产的账面价值小于计税基础
C. 负债的账面价值大于计税基础　　D. 负债的账面价值小于计税基础

9. 在发生的下列交易或事项中,会产生应纳税暂时性差异的有(　　)。
A. 对于固定资产,会计采用直线法计提折旧,税法采用年数总和法计提折旧
B. 企业购入交易性金融资产,期末公允价值小于其初始确认金额
C. 企业购入无形资产,作为使用寿命不确定的无形资产进行核算
D. 采用权益法核算的长期股权投资,因被投资单位实现净利润而调增长期股权投资账面价值

10. 所得税费用包括(　　)。
A. 应交所得税　　B. 递延所得税资产
C. 递延所得税负债　　D. 应纳税所得额

三、判断题

1. 永久性差异是指某一会计期间,由于会计准则和税法在计算收益、费用或损失时的口径不同,所产生的税前会计利润与应税所得之间的差异。(　　)

2. 暂时性差异是指税法与会计准则在确认收益、费用或损失方面的时间不同而产生的税前会计利润与应税所得之间的差异。(　　)

3. 时间性差异是指资产或负债的账面价值与其计税基础之间的差额。(　　)

4. 资产的计税基础,是指某一项资产在未来期间计税时可以税前扣除的金额。(　　)

5. 负债的计税基础,是指负债的账面价值减去未来期间计算应纳税所得额时按照税法规定可予抵扣的金额。(　　)

6. 应纳税暂时性差异在未来期间转回时,会增加转回期间的应纳税所得额和应交所得税税额。(　　)

7. 负债的账面价值小于其计税基础,产生应纳税暂时性差异。(　　)

8. 资产的账面价值小于其计税基础,产生可抵扣暂时性差异。(　　)

9. 利润表中的所得税费用包括当期所得税和递延所得税两个部分。(　　)

10. 确认递延所得税资产时,应估计相关可抵扣暂时性差异的转回时间,以转回期间适用的所得税税率为基础计算确定。(　　)

实训题

实训一

目的:掌握暂时性差异的判断方法及所得税的会计处理。

资料:A公司适用的所得税税率为25%,所得税采用资产负债表债务法核算。2013年发生部分业务如下:

1. 以1 800 000元购入一项固定资产,当期会计折旧180 000元,税法折旧300 000元。

2. 当期购入国库券,确认国库券利息收入26 000元。

3. 企业违反当地有关环境保护法规的规定,接到环保部门的处罚通知,要求支付罚款600 000元,罚款尚未支付。

4. 企业发生开办费300 000元,于资产负债表日一次列入当期费用。按税法规定,本年只允许扣除60 000元。

5. 本年计入成本费用中的职工薪酬为140万元,按税法规定,只允许扣除120万元。

要求:

1. 指出上述交易或事项中哪些会形成暂时性差异。

2. 若形成暂时性差异,判断应确定为递延所得税资产还是递延所得税负债。

3. 编制相关的会计分录。

实训二

目的:实训资产负债表债务法下的所得税核算。

资料:A公司于2013年年初开始营业,其当年的利润总额为1 500 000万元。在进行当年所得税申报时,会计人员发现当期发生的交易和事项中,会计与税收之间存在的差异包括以下几项:

1. 计税时按照税法规定不允许扣除的费用30 000元,因尚未支付,资产负债表中体现为其他应付款30 000元。

2. 按照税法规定应予免税的收入25 000元,资产负债表中体现为应收利息25 000元。

3. 对固定资产计提减值准备200 000元。

假定该公司于未来期间能够产生足够的应纳税所得额,适用的所得税税率为25%。

要求:

1. 确定哪些事项形成暂时性差异。

2. 确定A公司2013年应确定的递延所得税。

3. 确定A公司2013年应纳税所得额、应交所得税及所得税费用。

4. 编制有关所得税的会计分录。

实训三

目的:实训递延所得税负债的确认和计量。

资料:茂源公司于2008年12月购入一台设备,成本为210 000元,预计使用年限为6年,预计无残值。会计上按年限平均法计提折旧,但企业计税时按年数总和法计提折旧。假定税法规定的使用年限及净残值均与会计上相同。假定该公司各会计期间均未对固定资产计提减值准备。假定公司所得税税率一直为25%。

要求:

1. 计算填列表中的空白项目的数字。

金额单位:元

项目	2008年	2009年	2010年	2011年	2012年	2013年
实际成本						
累计会计折旧						
账面价值						
累计计税折旧						
计税基础						
暂时性差异						
适用税率(%)						
递延所得税负债发生额						
递延所得税负债余额						

2. 编制各年与递延所得税负债有关的会计分录。

实训四

目的:实训资产负债表债务法的运用。

资料:甲公司2012年度利润表中利润总额为800万元,该公司适用的所得税税率为25%,所得税采用资产负债表债务法进行核算。在2012年发生的有关交易或事项中,会计处理与税收处理存在的差别有:

1. 2011年12月取得的一项固定资产,成本为1 000万元,使用年限为10年,净残值为零,会计上采用年限平均法计提折旧,税收上按双倍余额递减法计提折旧。假定税法规定的使用年限和净残值与会计规定的相同。

2. 本年确认国库券利息收入40万元。

3. 本年应付税收罚款10万元。

4. 期末对持有的存货计提了50万元的存货跌价准备。

5. 实际发生的"五险一金"比按实际发放的职工薪酬多400万元。

6. 企业发生研究开发支出300万元,其中,研究支出200万元、开发支出100万元。

企业将开发支出100万元资本化,本年尚未进行摊销。税法规定企业发生的未形成资产的研究开发支出可按150%加计扣除。

要求:

1. 确定哪些事项形成暂时性差异。
2. 确定甲公司2012年应确定的递延所得税资产或递延所得税负债。
3. 确定甲公司2012年应纳税所得额、应交所得税及所得税费用。
4. 编制有关所得税的会计分录。

实训五

目的:实训资产负债表债务法的运用。

资料:A公司2012年度实现的利润总额为8 000万元,所得税采用资产负债表债务法核算,适用的所得税税率为25%。A公司2012年度与所得税有关的经济业务如下:

1. A公司2012年发生广告费支出1 000万元,发生时已作为销售费用计入当期损益。A公司2012年实现销售收入5 000万元。税法规定,广告费支出不超过当年销售收入15%的部分,准予扣除;超过部分,准予在以后纳税年度结转扣除。

2. A公司对其所销售产品均承诺提供3年的保修服务。A公司因产品保修承诺在2012年度利润表中确认了200万元的销售费用,同时确认为预计负债。2012年没有实际发生产品保修费用支出。税法规定,产品保修费用在实际发生时才允许税前扣除。

3. A公司2011年12月12日购入一项管理用设备,取得成本为400万元,会计上采用年限平均法计提折旧,使用年限为10年,预计净残值为零,在计税时按5年计提折旧,折旧方法及预计净残值与会计相同。

4. 2012年购入一项交易性金融资产,取得成本为500万元,2012年年末该项交易性金融资产的公允价值为650万元。

要求:

1. 计算2012年应交所得税。
2. 计算2012年递延所得税资产、递延所得税负债及递延所得税。
3. 计算2012年利润表中确认的所得税费用。
4. 编制与所得税相关的会计分录。

第14章

收入、费用和利润

训练目标

1. 熟悉收入、费用和利润的概念，正确把握其基本含义和特点。

2. 掌握商品销售收入的确认条件，熟练掌握商品销售收入的确认和计量。

3. 掌握提供劳务收入的确认条件，熟练掌握提供劳务收入的确认和计量。

4. 掌握让渡资产使用权收入的确认条件，熟练掌握让渡资产使用权收入的确认和计量。

5. 掌握费用的主要内容，正确进行各项费用的会计处理。

6. 掌握利润的构成，正确确定营业利润、利润总额和净利润。

7. 掌握营业外收入和营业外支出的内容，区别收入和费用与利得和损失。

8. 掌握本年利润的结转方法，正确计算本年利润。

9. 掌握利润分配的程序，运用"利润分配"科目进行会计处理。

关键术语

收入　主营业务收入　其他业务收入　现金折扣　商业折扣　完工百分比法　费用　销售费用　管理费用　财务费用　营业外收入　营业外支出　表结法　账结法　利润　利润分配　本年利润

练习题

一、单项选择题

1. 某企业2012年度的利润总额为1 000万元，其中包括本年收到的国库券利息收入10万元，赞助性支出80万元，地震捐款100万元。企业所得税税率为25%。该企业2012年所得税费用为(　　)万元。

A. 292.5　　B. 272.5　　C. 262.5　　D. 267.5

2. 企业对外销售商品时,若安装或检验任务是销售合同中的重要组成部分,则确认该商品销售收入的时点是( )。

A. 发出商品时　　B. 开出销售发票账单时

C. 收到商品销售货款时　　D. 商品安装完毕并检验合格时

3. 按照企业会计准则的规定,对于购货方实际享受的现金折扣,销售企业应作的会计处理是( )。

A. 冲减当期主营业务收入　　B. 增加当期财务费用

C. 增加当期主营业务成本　　D. 增加当期管理费用

4. 下列各项中,应计入财务费用的是( )。

A. 应收票据贴现利息

B. 按面值发行股票发生的手续费

C. 国库券利息收入

D. 购买短期持有股票支付的交易费用

5. 企业为购买原材料所发生的银行承兑汇票手续费应计入( )。

A. 管理费用　　B. 财务费用　　C. 原材料　　D. 材料采购

6. 企业销售部门支付的业务招待费应计入( )。

A. 管理费用　　B. 财务费用　　C. 销售费用　　D. 制造费用

7. 生产车间支付的设备修理费用应计入( )。

A. 固定资产　　B. 管理费用　　C. 制造费用　　D. 销售费用

8. 企业专设销售机构的固定资产折旧费应计入( )。

A. 管理费用　　B. 销售费用

C. 主营业务成本　　D. 其他业务成本

9. 企业支付的超标准业务招待费应计入( )。

A. 营业外支出　　B. 管理费用　　C. 主营业务成本　　D. 销售费用

10. 下列各项中,应计入营业外支出的是( )。

A. 保管人员过失造成的原材料净损失

B. 建设期间工程物资盘亏净损失

C. 批准处理的库存现金短少损失

D. 经营期间固定资产清理发生的净损失

11. 下列各项中,符合收入会计要素定义,可以确认为收入的是( )。

A. 出售无形资产收取的价款　　B. 出售固定资产收取的价款

C. 出售原材料收取的价款　　D. 出售长期股权投资收取的价款

12. 企业用税前利润弥补亏损时,应( )。

A. 借记"本年利润"科目,贷记"利润分配——未分配利润"科目

B. 借记"利润分配——未分配利润"科目,贷记"本年利润"科目

C. 借记"利润分配——未分配利润"科目,贷记"盈余公积"科目

D. 无须专门作会计处理

13. 下列不属于销售商品的是(　　)。

A. 企业销售商品　　B. 用本企业生产的产品抵债

C. 企业销售原材料　　D. 企业销售自己的办公大楼

14. 按现行会计准则的规定,销售商品采用托收承付方式的,确认收入的时间为(　　)。

A. 发出商品时　　B. 收到货款时

C. 办妥托收手续时　　D. 合同约定日

15. 企业采用预收账款方式销售商品,确认收入的时点是(　　)。

A. 收到货款时　　B. 按合同约定的日期

C. 发出商品时　　D. 收到支付凭证时

16. 不跨年度劳务收入,(　　)。

A. 采用完成合同法确认

B. 采用完工百分比法确认

C. 不确认

D. 根据已发生的成本预期能否补偿选择方法确认

17. 企业对于已经发生但尚未确认销售收入的商品成本,应借记的会计科目是(　　)。

A. 在途物资　　B. 库存商品

C. 主营业务成本　　D. 发出商品

18. 作为收入确认的一种方法,完工百分比法主要适用于(　　)。

A. 商品销售收入的确认　　B. 提供劳务收入的确认

C. 让渡资产使用权收入的确认　　D. 对外投资收益的确认

19. 企业让渡无形资产使用权应缴纳的营业税应记入的科目是(　　)。

A. "营业税金及附加"　　B. "营业外支出"

C. "其他业务成本"　　D. "管理费用"

20. 某工业企业本期的营业收入为100万元,营业成本为50万元,管理费用为10万元,投资收益为20万元,所得税为18万元。假定不考虑其他因素,该企业本期营业利润为(　　)万元。

A. 40　　B. 42　　C. 60　　D. 72

21. 某企业2011年10月承接一项设备安装劳务,劳务合同总收入为200万元,预计合同总成本为140万元,合同价款在签订合同时已收取,采用完工百分比法确认劳务收入。2011年已确认劳务收入80万元,截至2012年12月31日,该劳务的累计完工进度为60%。2012年该企业应确认的劳务收入为(　　)万元。

A. 36　　B. 40　　C. 72　　D. 120

22. 某企业2013年8月1日赊销一批商品,售价为120 000元(不含增值税),适用的增值税税率为17%。规定的现金折扣条件为"2/10,1/20,n/30",计算现金折扣时考虑增值税。客户于2013年8月15日付清货款,该企业收款金额为(　　)元。

A. 118 800　　B. 137 592　　C. 138 996　　D. 140 400

23. 企业采用支付手续费方式委托代销商品，委托方确认商品销售收入的时间是(　　)。

A. 签订代销协议时　　B. 发出商品时

C. 收到代销清单时　　D. 收到代销款时

24. 企业对于已经发出但不符合收入确认条件的商品，其成本应借记的科目是(　　)。

A. "在途物资"　　B. "发出商品"

C. "库存商品"　　D. "主营业务成本"

25. 企业取得与收益相关的政府补助，用于补偿已发生相关费用的，直接计入补偿当期的(　　)。

A. 资本公积　　B. 营业外收入

C. 其他业务收入　　D. 主营业务收入

26. 下列各项中，应计入管理费用的是(　　)。

A. 筹建期间的开办费

B. 预计产品质量保证损失

C. 生产车间管理人员工资

D. 专设销售机构的固定资产修理费

27. 下列各项中，不应计入销售费用的是(　　)。

A. 已售商品预计保修费用

B. 为推广新产品而发生的广告费用

C. 随同商品出售且单独计价的包装物成本

D. 随同商品出售而不单独计价的包装物成本

28. 下列各项中，应计入其他业务成本的是(　　)。

A. 库存商品盘亏净损失　　B. 经营租出固定资产折旧

C. 向灾区捐赠的商品成本　　D. 火灾导致原材料毁损净损失

29. 某企业某月销售商品发生商业折扣 20 万元、现金折扣 15 万元、销售折让 25 万元。该企业上述业务计入当月财务费用的金额为(　　)万元。

A. 15　　B. 20　　C. 35　　D. 45

30. 下列交易或事项，不应确认为营业外支出的是(　　)。

A. 公益性捐赠支出　　B. 无形资产出售损失

C. 固定资产盘亏损失　　D. 固定资产减值损失

二、多项选择题

1. 企业取得的下列款项中，符合"收入"会计要素定义的有(　　)。

A. 出租固定资产收取的租金　　B. 出售固定资产收取的价款

C. 出售原材料收取的价款　　D. 出售自制半成品收取的价款

2. 下列各项中,会导致工业企业当期营业利润减少的有( )。
A. 出售无形资产发生的净损失
B. 计提行政管理部门固定资产折旧
C. 办理银行承兑汇票支付的手续费
D. 出售短期债券投资发生的净损失
3. 下列各项中,不应计入其他业务成本的有( )。
A. 领用的用于出借的新包装物成本
B. 领用的用于出租的新包装物成本
C. 随同材料出售单独计价的包装物成本
D. 随同材料出售不单独计价的包装物成本
4. 下列各科目的余额,期末应结转到"本年利润"科目的有( )。
A. "营业外收入"
B. "营业外支出"
C. "投资收益"
D. "以前年度损益调整"
5. 下列各项中,最终会归集到期间费用的有( )。
A. 业务招待费
B. 生产车间经营租赁租入设备的租金
C. 企业管理人员的工资
D. 生产工人的劳动保护费
6. 下列各项中,属于企业期间费用的有( )。
A. 销售费用
B. 制造费用
C. 管理费用
D. 财务费用
7. 下列各科目,年末应无余额的有( )。
A. "管理费用"
B. "所得税费用"
C. "资产减值损失"
D. "长期待摊费用"
8. 下列项目中,属于管理费用开支范围的有( )。
A. 城镇土地使用税
B. 职工退休金
C. 城镇待业保险费
D. 劳动保护费
9. 下列计提的各项准备中,应计入资产减值损失的有( )。
A. 坏账准备
B. 存货跌价准备
C. 固定资产减值准备
D. 无形资产减值准备
10. 应计入销售费用的有( )。
A. 广告费
B. 出租包装物的摊销
C. 出借包装物的摊销
D. 随货出售不单独计价的包装物成本
11. 下列项目,应计入财务费用的有( )。
A. 出售产品而发生的现金折扣
B. 购买产品而取得的现金折扣

C. 应收票据贴现利息

D. 生产经营周转借款发生的利息支出

12. 下列税金中,应计入管理费用的有(　　)。

A. 印花税　B. 城镇土地使用税　C. 车船税　D. 房产税

13. 下列项目中,应计入期间费用的有(　　)。

A. 生产工人的劳动保险费　B. 固定资产修理费

C. 诉讼费　D. 生产车间照明费

14. 下列各项中,应计入营业外收入的有(　　)。

A. 补贴收入　B. 捐赠收入

C. 出售固定资产取得的净收益　D. 罚款收入

15. 下列各项中,属于收入的有(　　)。

A. 转让无形资产所有权收入　B. 提供劳务收入

C. 销售原材料收入　D. 出租固定资产收入

16. 构成并影响营业利润的项目有(　　)。

A. 主营业务成本　B. 投资收益

C. 其他业务成本　D. 管理费用

17. 下列项目中,通常应确认收入的有(　　)。

A. 预计不可收回货款的材料在材料发出时

B. 委托代销材料在材料发出时

C. 订货销售在材料发出时

D. 预收款销售在材料发出时

18. 下列各项中,属于营业外收入的有(　　)。

A. 固定资产处置净收益　B. 罚款收入

C. 接受现金捐赠　D. 无法支付的应付账款

19. 在以完工百分比法确认劳务收入时,必须具备的条件主要包括(　　)。

A. 劳务合同的款项已经收到

B. 合同总收入和总成本能够可靠地计量

C. 劳务的完成程度能够可靠地确定

D. 与交易相关的经济利益能够流入企业

20. 企业费用的主要内容包括(　　)。

A. 主营业务成本　B. 营业税金及附加

C. 销售费用　D. 管理费用

21. 下列各项中,可用于确定所提供劳务完工进度的有(　　)。

A. 根据测量的已完工工作量加以确定

B. 按已经发生的成本占估计总成本的比例计算确定

C. 按已经收到的金额占合同总金额的比例计算确定

D. 按已经提供的劳务占应提供劳务总量的比例计算确定

22. 下列各项中,工业企业应确认为其他业务收入的有(　　)。

A. 对外销售材料收入　　B. 出售专利所有权收入

C. 处置营业用房净收益　　D. 转让商标使用权收入

23. 下列各项中,不应确认为营业外收入的有(　　)。

A. 存货盘盈　　B. 固定资产出租收入

C. 固定资产盘盈　　D. 无法查明原因的现金溢余

24. 下列各项中,应计入营业外支出的有(　　)。

A. 无形资产处置损失　　B. 存货自然灾害损失

C. 固定资产清理损失　　D. 长期股权投资处置损失

25. 下列各项中,影响企业营业利润的有(　　)。

A. 处置无形资产净收益　　B. 出租包装物取得的收入

C. 接受公益性捐赠利得　　D. 经营租出固定资产的折旧额

26. 下列各项中,影响当期利润表中利润总额的有(　　)。

A. 固定资产盘盈　　B. 确认所得税费用

C. 对外捐赠固定资产　　D. 无形资产出售利得

27. 下列各项中,应计入财务费用的有(　　)。

A. 企业发行股票支付的手续费

B. 企业支付的银行承兑汇票手续费

C. 企业购买商品时取得的现金折扣

D. 企业销售商品时发生的现金折扣

28. 下列各项中,不应确认为财务费用的有(　　)。

A. 企业筹建期间的借款费用　　B. 资本化的借款利息支出

C. 销售商品发生的商业折扣　　D. 支付的银行承兑汇票手续费

29. 下列各项中,不应计入管理费用的有(　　)。

A. 总部办公楼折旧　　B. 生产设备改良支出

C. 经营租出专用设备的修理费　　D. 专设销售机构房屋的修理费

30. 企业销售商品缴纳的下列各项税费,应记入"营业税金及附加"科目的有(　　)。

A. 消费税　　B. 增值税

C. 教育费附加　　D. 城市维护建设税

三、判断题

1. 企业在销售收入确认之后发生的销售折让,一般应在实际发生时冲减发生当期的收入。(　　)

2. 企业提供劳务时,如果资产负债表日不能对交易的结果作出可靠估计,应按已经发生并预计能够补偿的劳务成本确认收入,并按相同金额结转成本。(　　)

3. 工业企业为拓展销售市场所发生的业务招待费,应计入销售费用。(　　)

4. 企业在采用视同买断的代销方式销售材料的情况下,应在发出代销材料时确认收

入。(　　)

5. 现金折扣和销售折让,均应在实际发生时计入当期财务费用。(　　)

6. 企业发生收入往往表现为货币资产的流入,但是并非所有货币资产的流入都是企业的收入。(　　)

7. 如果劳务的开始和完成分属不同的会计年度,就应按完工百分比法确认收入。(　　)

8. 在分期收款销售方式下,企业应按合同收款日期分期确认收入。(　　)

9. 对于附有销售退回条件的商品销售,如果企业不能合理地确定退货的可能性,则应在售出商品的退货期期满时确认收入。(　　)

10. 企业在确定商品销售收入时,不考虑各种可能发生的现金折扣和销售折让。(　　)

11. 收入能够导致企业所有者权益增加,但导致所有者权益增加的不一定都是收入。(　　)

12. 企业转让无形资产所有权取得的净收益属于会计准则中规定的收入。(　　)

13. 企业出售无形资产和出租无形资产取得的收益,均应作为其他业务收入。(　　)

14. 企业在年终结转利润后,"本年利润"科目一定没有余额。(　　)

15. 销售商品部分和提供劳务部分不能够区分,或虽能区分但不能够单独计量的,应当将销售商品部分和提供劳务部分全部作为销售商品处理。(　　)

16. 转让固定资产所发生的营业税应通过"固定资产清理"账户核算。(　　)

17. 企业让渡资产使用权,如果合同或协议规定一次性收取使用费,且不提供后续服务,应当视同销售该资产一次性确认收入。(　　)

18. 企业取得与资产相关的政府补助,应当确认为递延收益,并在该项资产使用寿命内分期计入当期损益。(　　)

19. 企业对于发出的商品,不符合收入确认条件的,应按其实际成本编制会计分录,借记"发出商品"科目,贷记"库存商品"科目。(　　)

20. 企业劳务的开始和完成分属于不同的会计期间,且在资产负债表日提供劳务交易的结果能够可靠估计的,应采用完工百分比法确认劳务收入。(　　)

实训题

实 训 一

目的:实训销售商品收入的核算。

资料:甲公司为增值税一般纳税人,增值税税率为17%。商品销售价格不含增值税,在确认销售收入时逐笔结转销售成本。假定不考虑其他相关税费。某年6月份甲公司发生如下业务:

1.6月2日,向乙公司销售A商品1 600件,标价总额为800万元(不含增值税),商品实际成本为480万元。为了促销,甲公司给予乙公司15%的商业折扣并开具了增值税专用发票。甲公司已发出商品,并向银行办理了托收手续。

2.6月10日,因部分A商品的规格与合同不符,乙公司退回A商品800件。当日,甲公司按规定向乙公司开具增值税专用发票(红字),销售退回允许扣减当期增值税销项税额,退回商品已验收入库。

3.6月15日,甲公司将部分退回的A商品作为福利发放给本公司职工,其中生产工人500件,行政管理人员40件,专设销售机构人员60件,该商品每件市场价格为0.4万元(与计税价格一致),实际成本0.3万元。

4.6月25日,甲公司收到丙公司来函。来函提出,该年5月10日从甲公司所购B商品不符合合同规定的质量标准,要求甲公司在价格上给予10%的销售折让。该商品售价为600万元,增值税税额为102万元,货款已结清。经甲公司认定,同意给予折让并以银行存款退还折让款,同时开具了增值税专用发票(红字)。

除上述资料外,不考虑其他因素。

要求:

1.逐笔编制甲公司上述业务的会计分录。

2.计算甲公司6月份主营业务收入总额。

(“应交税费”科目要求写出明细科目及专栏名称;答案中的金额单位用万元表示)

实训二

目的:实训商品销售收入的核算。

资料:W公司为增值税一般纳税人,适用的增值税税率为17%,商品销售价格均不含增值税税额,所有劳务均属于工业性劳务。销售成本按发生的经济业务逐项结转。销售商品和提供劳务均为主营业务。2013年8月发生的经济业务及相关资料如下:

1.5日,对B公司销售商品一批,增值税专用发票上注明的销售价款为100万元,商品已发给B公司,为及时收回货款,给予B公司的现金折扣条件为“2/10、1/20、n/30”(假定计算折扣时不考虑增值税因素)。该批商品的实际成本为82万元。8月12日收到B公司支付的价款。

2.8日,与C公司签订协议,委托其代销商品一批。根据代销协议,C公司按代销商品协议销售款的5%收取手续费,并直接从代销商品价款中扣除。该批商品的协议价为10万元,实际成本为8万元,商品已运往C公司。31日收到C公司开出的代销清单,列明已售出40%的商品,同时收到已售出商品的代销款。

3.10日,与D公司签订协议,销售商品一批,增值税专用发票上注明的销售价款为200万元,增值税为34万元,商品已发出,款项已收到。商品的成本为120万元。该协议规定:商品销售价款中的20%属于售出商品后4年内提供修理服务的服务费。

4.16日,收到H公司退回的7月10日销售的全部商品,并收到H公司交来的税务机关开具的进货退出证明单,开具了红字增值税发票,价款全部退回。

该批商品是7月10日W公司销售给H公司的,商品销售价款为20万元,销售成本为16万元,提供的现金折扣条件为“2/10、1/20、n/30”(假定计算折扣时不考虑增值税因素),价款已于7月28日收到。经查该批商品确实不符合合同的要求,存在着质量问题。

5.16日,与F公司签订一项设备维修合同。该合同规定,设备维修价款为46.8万元(含增值税),于维修任务完成并验收合格后一次结清。8月31日尚未完工。本月实际发生维修费8万元,其中维修人员工资3万元,耗用材料5万元。

要求:

1.编制甲公司8月份发生的上述经济业务的会计分录(金额单位为万元)。

2.计算甲公司8月份的主营业务收入和主营业务成本。

实训三

目的:实训期间费用的核算。

资料:某企业本月发生下列经济业务:

1.采购员预借差旅费1 500元,以现金支付。

2.本月应付企业管理人员工资60 000元、销售人员工资50 000元。

3.本月业务招待费2 000元,以转账支票付讫。

4.购买500元的印花税票,以银行存款支付。

5.以银行存款支付广告费8 800元。

6.摊销本月管理部门使用的无形资产2 700元。

7.计算本月应付管理部门、销售机构水电费分别为1 380元和1 400元。

8.计提本月固定资产折旧费6 600元,其中管理部门4 600元、销售机构2 000元。

9.计提本月坏账准备3 500元。

10.以银行存款支付本月固定资产修理费4 000元,其中,管理部门3 000元、销售机构1 000元。

11.确认本期应交的房产税800元、车船税300元。

12.支付银行承兑汇票的手续费80元。

13.计提本月短期借款利息4 800元。

14.计提本月职工基本养老保险费8 000元,其中,生产工人占40%,销售人员占25%,管理部门占35%。

15.计提长期借款利息4 600元,该借款全部用于企业生产经营活动。

16.将上述的期间费用转入“本年利润”科目。

要求:根据上述经济业务编制会计分录。

实训四

目的:实训劳务收入的核算。

资料:乙公司与客户签订了一项工期为一年的劳务供应合同,合同内容如下:

1.合同签订日为2012年3月1日;

2. 合同总收入为 500 000 元，预计总成本为 280 000 元；

3. 2012 年 3 月 4 日一次性收到客户支付的劳务款 300 000 元；

4. 截至 2012 年 12 月 31 日，实际发生成本 210 000 元(假定均以银行存款支付)；

5. 假定乙公司按实际发生的成本占预计总成本的百分比确定劳务完成程度。

要求：

1. 计算 2012 年 12 月 31 日的劳务完成程度。

2. 计算 2012 年度应确认的劳务收入和劳务成本。

3. 分别编制与上述业务有关的会计分录。

实训五

目的：实训收入及利润的核算。

资料：甲公司(一般纳税企业)系工业企业，适用的增值税税率为 17%，所得税税率为 25%，按资产负债表债务法对所得税进行核算。销售价格均为不含增值税的价格。按 10% 提取法定盈余公积。2012 年年初未分配利润为 80 000 元。2012 年发生下列经济业务：

1. 销售产品的货款为 8 000 000 元，其中赊销 1 000 000 元，未收到款项，其余款项收到并存入银行。该产品的实际成本为 5 000 000 元。

2. 采用分期收款销售方式销售产品，售价为 500 000 元，实际成本为 300 000 元。价款分五次等额还清，每年支付一次(增值税于收到最后一次价款时收取，同时开具增值税专用发票)。本次应收货款 100 000 元已收到并存入银行。该批商品在现销的情况下价格为 379 080 元，当时的资金市场利率为 10%。

3. 出口免税商品一批，售价折合人民币为 800 000 元，实际成本为 500 000 元，款项尚未收到。

4. 转让无形资产的使用权，取得收入 20 000 元存入银行。转让无形资产的营业税税率为 5%。

5. 计提本期持有至到期投资(一次还本付息债券)利息 30 000 元。

6. 2010 年 12 月 20 日购入一台管理设备，原价为 910 000 元，预计净残值为 10 000 元，预计使用年限为 5 年，按年数总和法计提折旧，计算本年设备折旧费用。

7. 委托丙公司销售产品一批，销售价格为 100 000 元，产品成本为 70 000 元。甲公司本年收到丙公司开来的代销清单，丙公司已将代销的材料全部售出，价款尚未收到。

8. 收到上半年销售退回的产品，销售收入为 400 000 元，销售成本为 250 000 元，同时冲减应收账款，商品已入库。

9. 以银行存款支付管理费用 560 000 元，支付销售费用 300 000 元，支付财务费用 169 988 元。

10. 计算本年各项收益，并结转到"本年利润"账户。

11. 计算本年各项费用、支出，并结转到"本年利润"账户。

12. 计算本年应交所得税，并结转本年损益(假定企业无其他纳税调整)。

13. 年末经股东大会决议,按税后利润的 10% 提取法定盈余公积,按税后利润的 20% 分配现金股利。

14. 计算并结转年末未分配利润。

要求:根据上述经济业务编制相关会计分录。

实训六

目的:实训收入及利润的核算。

资料:甲公司为增值税一般纳税人,适用的增值税税率为 17%,商品、原材料售价中不含增值税。假定销售商品、原材料和提供劳务均符合收入确认条件,其成本在确认收入时逐笔结转,不考虑其他因素。2013 年 4 月,甲公司发生如下交易或事项:

1. 销售商品一批,按商品标价计算的金额为 200 万元,由于是成批销售,甲公司给予客户 10% 的商业折扣并开具了增值税专用发票,款项尚未收回。该批商品的实际成本为 150 万元。

2. 向本公司行政管理人员发放自产产品作为福利,该批产品的实际成本为 8 万元,市场售价为 10 万元。

3. 向乙公司转让一项软件的使用权,一次性收取使用费 20 万元并存入银行,且不再提供后续服务。

4. 销售一批原材料,增值税专用发票上注明售价 80 万元,款项收到并存入银行,该批材料的实际成本为 59 万元。

5. 将以前会计期间确认的与资产相关的政府补助在本月分配计入当月收益 300 万元。

6. 确认本月设备安装劳务收入。该设备安装劳务总收入为 100 万元,预计总成本为 70 万元,价款在前期签订合同时已收取。采用完工百分比法确认劳务收入。截至 4 月末,该劳务的累计完工进度为 60%,前期已累计确认劳务收入 50 万元、劳务成本 35 万元。

7. 以银行存款支付管理费用 20 万元、财务费用 10 万元、营业外支出 5 万元。

要求:

1. 逐笔编制甲公司上述交易或事项的会计分录。(“应交税费”科目要写出明细科目及专栏名称)

2. 计算甲公司 4 月份的营业收入、营业成本、营业利润、利润总额。

(答案中的金额单位用万元表示)

第15章 财务会计报告

训练目标

1. 掌握财务报表的概念和组成,熟悉财务报表列报应遵循的基本要求。
2. 明确资产负债表的重要性及资产负债表的内容格式,学会资产负债表的编制。
3. 明确利润表的重要性及利润表的内容格式,学会利润表的编制。
4. 明确现金流量表的重要性及现金流量表的内容格式,学会现金流量表的编制。
5. 明确所有者权益变动表的内容格式,学会所有者权益变动表的编制。
6. 明确财务报表附注的重要性,能正确提供财务报表重要项目的说明。

关键术语

财务报表列报基础　财务报告　中期财务报表　个别财务报表　合并财务报表　资产负债表　利润表　基本每股收益　现金流量表　所有者权益变动表　财务报表附注　营业利润　利润总额　净利润

练习题

一、单项选择题

1. 按现行会计制度的规定,下列各项中,属于流动资产的是(　　)。

A. 工程物资　　B. 长期待摊费用
C. 交易性金融资产　　D. 开发支出

2. 下列资产负债表项目,可直接根据有关总账余额填列的是(　　)。

A. “货币资金”　　B. “交易性金融资产”
C. “存货”　　D. “应收账款”

3. “应收账款”所属明细科目若有贷方余额,应反映在资产负债表(　　)项目中。

A. “应收账款”　　B. “应付账款”　　C. “预收账款”　　D. “预付账款”

4. 某企业“应付账款”科目月末贷方余额 40 000 元,其中:“应付甲公司账款”明细科目贷方余额 50 000 元,“应付乙公司账款”明细科目借方余额 10 000 元;“预付账款”科目月末借方余额 60 000 元,其中:“预付 A 工厂账款”明细科目借方余额 80 000 元,“预付 B 工厂账款”明细科目贷方余额 20 000 元。该企业月末资产负债表中“应付账款”项目的金额为(　　)元。

A. 40 000　　B. 50 000　　C. 60 000　　D. 70 000

5. A 公司“原材料”科目借方余额 200 万元,“周转材料”科目借方余额 100 万元,“材料采购”科目借方余额 150 万元,“工程物资”科目借方余额 100 万元,“材料成本差异”科目贷方余额 40 万元,“存货跌价准备”科目贷方余额 10 万元。A 公司期末资产负债表中“存货”项目应填列的金额为(　　)万元。

A. 400　　B. 450　　C. 500　　D. 350

6. 某企业 2012 年“主营业务收入”科目贷方发生额 2 000 万元,借方发生额为退货 50 万元,发生现金折扣 50 万元,“其他业务收入”科目贷方发生额 100 万元,“其他业务支出”科目借方发生额 80 万元,那么企业利润表中“营业收入”项目填列的金额为(　　)万元。

A. 2 000　　B. 2 050　　C. 2 100　　D. 2 070

7. 下列各项中,不应在利润表“营业收入”项目中列示的是(　　)。

A. 政府补助收入　　B. 设备安装劳务收入

C. 代修品销售收入　　D. 固定资产出租收入

8. 在下列事项中,(　　)不影响企业的现金流量。

A. 取得短期借款　　B. 支付现金股利

C. 偿还长期借款　　D. 摊销无形资产

9. 在下列各项税金中,应在利润表“营业税金及附加”项目中反映的是(　　)。

A. 城镇土地使用税　　B. 城市维护建设税

C. 印花税　　D. 房产税

10. 下列报表,能够反映企业某一特定时点的财务状况的是(　　)。

A. 资产负债表　　B. 利润表

C. 现金流量表　　D. 所有者权益变动表

11. 某企业“应收票据”科目期末余额为 25 万元,并已为其计提 8 万元坏账准备,已贴现的未到期应收票据为 12 万元。则该企业资产负债表“应收票据”项目应填列的金额是(　　)万元。

A. 25　　B. 17　　C. 13　　D. 5

12. 某企业当期“主营业务收入”科目贷方发生额为 200 万元,借方记录销售退回 10 万元、销售折让 5 万元,发生现金折扣 20 万元。则该企业利润表“营业收入”项目应填列的数额是(　　)万元。

A. 200　　B. 190　　C. 185　　D. 165

13. 企业对固定资产进行清理,其原始价值为 500 000 元,已提折旧 400 000 元,发生清理费用50 000元,清理收入200 000元,按5%计提应交营业税(未交)。则年末应计入现金流量表中“处置固定资产收到的现金净额”的金额为(　　)元。

A. 150 000　　B. 140 000　　C. 40 000　　D. 200 000

14. 下列项目中,不影响经营活动现金流量的是(　　)。

A. 当期收回的前期核销的坏账损失

B. 收到的罚款收入

C. 支付给固定资产建造工程人员的工资

D. 支付给离退休人员的工资

15. 下列各项中,不属于筹资活动产生的现金流量的是(　　)。

A. 收回债券投资所收到的现金　　B. 吸收权益性投资所收到的现金

C. 发行债券所收到的现金　　D. 借入资金所收到的现金

二、多项选择题

1. 按现行会计制度规定,一套完整的财务报表应当包括(　　)。

A. 资产负债表　　B. 利润表

C. 现金流量表　　D. 所有者权益变动表

2. 按现行会计制度的规定,下列各项中,属于非流动资产的有(　　)。

A. 工程物资　　B. 其他应收款

C. 交易性金融资产　　D. 开发支出

3. 根据现行会计制度的规定,下列项目中,可根据有关总账余额直接填列的有(　　)。

A. 应付票据　　B. 交易性金融资产

C. 存货　　D. 应付职工薪酬

4. 下列项目应记入资产负债表中“存货”项目的有(　　)。

A. 在途物资　　B. 发出商品

C. 委托加工物资　　D. 周转材料

5. 下列资产负债表项目中需根据明细科目分析填列的有(　　)。

A. 应收账款　　B. 预收账款　　C. 应付账款　　D. 预付账款

6. 资产负债表中“应收账款”项目包括(　　)。

A.“应收账款”科目所属明细科目的借方余额

B.“应收账款”科目所属明细科目的贷方余额

C.“坏账准备”科目的期末余额中属于应收账款计提的部分

D.“预收账款”科目所属明细科目的借方余额

7. 下列项目中,会影响企业利润表中“营业利润”的填列金额的有(　　)。

A. 对外投资取得的投资收益　　B. 出租无形资产取得的租金收入

C. 计提的固定资产减值准备　　D. 缴纳的所得税

8. 下列资产减值准备相关科目余额中,不在资产负债表上单独列示的有(　　)。

A. 在建工程减值准备　　B. 存货跌价准备
C. 坏账准备　　D. 固定资产减值准备

9. 下列资产负债表各项目中,属于流动负债项目的有(　　)。
A. 应付职工薪酬　　B. 一年内到期的长期负债
C. 应付债券　　D. 应交税费

10. 下列项目中,能同时引起资产和利润减少的项目有(　　)。
A. 计提发行长期债券的利息　　B. 计提固定资产折旧
C. 实际缴纳营业税　　D. 计提坏账准备

11. 下列各项中,属于筹资活动现金流量的有(　　)。
A. 分配股利支付的现金　　B. 清偿应付账款支付的现金
C. 偿还债券利息支付的现金　　D. 清偿长期借款支付的现金

12. 下列各项中,影响企业营业利润的有(　　)。
A. 出售原材料损失　　B. 计提无形资产减值准备
C. 公益性捐赠支出　　D. 出售交易性金融资产损失

13. 下列各项中,应列入利润表"营业成本"项目的有(　　)。
A. 销售材料成本　　B. 无形资产处置净损失
C. 固定资产盘亏净损失　　D. 经营出租固定资产折旧费

14. 下列各项中,应作为现金流量表中经营活动产生的现金流量的有(　　)。
A. 销售商品收到的现金　　B. 取得短期借款收到的现金
C. 采购原材料支付的增值税　　D. 取得长期股权投资支付的手续费

15. 下列各项现金流出,属于企业现金流量表中筹资活动产生的现金流量的有(　　)。
A. 偿还应付账款　　B. 偿还短期借款
C. 发放现金股利　　D. 支付借款利息

16. 下列各项中,属于现金流量表中现金及现金等价物的有(　　)。
A. 库存现金　　B. 其他货币资金
C. 3 个月内到期的债券投资　　D. 随时用于支付的银行存款

三、判断题

1. 资产负债表中,"货币资金"项目可以根据"库存现金"、"银行存款"、"其他货币资金"3 个明细科目的期末余额的合计数填列。(　　)

2. 资产负债表中,"应付职工薪酬"项目要根据"应付职工薪酬"总账科目余额直接填列。(　　)

3. 营业利润的计算以营业收入为基础,减去营业成本、营业税金及附加、销售费用、管理费用、财务费用、资产减值损失、公允价值变动收益,最后加上投资收益。(　　)

4. 企业支付的所得税、印花税、房产税、耕地占用税等,应作为经营活动产生的现金流量,列入"支付的各项税费"项目。(　　)

5. 财务报表中的资产项目和负债项目的金额、收入项目和费用项目的金额不得相互抵销。(　　)

6. 融资租入固定资产支付的租赁费,在"购建固定资产、无形资产和其他长期资产而支付的现金"中反映。(　　)

7. 资产负债表中,"长期借款"项目应根据"长期借款"的总账余额直接填列。(　　)

8. 企业购入2个月到期的国债,会减少企业投资活动产生的现金流量。(　　)

9. 企业发行债券所支付的印刷费,应在"吸收投资收到的现金"中扣除。(　　)

10. 资产负债表是时点报表,利润表是时期报表,前者主要反映企业的财务状况及偿债能力,后者主要反映企业的获利能力。(　　)

实训题

实训一

目的:实训资产负债表各项目的计算。

资料:ABC公司为增值税一般纳税人,增值税税率为17%,存货采用实际成本核算。2012年11月30日的科目余额表如下表所示。

单位:元

科目名称	借方余额	贷方余额	科目名称	借方余额	贷方余额
库存现金	6 000		固定资产	100 000	
银行存款	100 000		累计折旧		30 000
其他货币资金	34 000		无形资产	18 000	
交易性金融资产	50 000		累计摊销		2 000
应收票据	70 000		持有至到期投资	10 800	
应收账款	28 000		短期借款		200 000
坏账准备		4 200	应付票据		35 000
预付账款		20 000	长期借款		80 000
原材料	12 000		实收资本		120 000
库存商品	80 000		盈余公积		7 000
周转材料	2 200		未分配利润		10 000
存货跌价准备		2 800			
合计	382 200	27 000	合计	128 800	484 000

注:

(1)"持有至到期投资"为2011年1月4日购买的3年期、每年计息、到期一次还本付息的国库券,面值为10 000元,票面利率为4%,市场利率为4%。

(2)"长期借款"科目余额30 000元为一年内到期的非流动负债。

ABC 公司12月份发生如下业务：

1. 本月销售商品的售价为50 000元，增值税税额为8 500元，款项尚未收到。商品成本为42 000元(不考虑其他税费)。

2. 收回以前年度已核销的坏账2 000元。

3. 向承包商预付工程款13 000元。

4. 接受其他企业投资的不需要安装的设备一台，该设备评估确认的原价为32 000元。

5. 计提本月固定资产折旧2 500元，无形资产摊销1 000元，均计入管理费用。

6. 用银行存款支付其他管理费用4 000元。

7. 用银行存款偿还短期借款11 000元。

8. 商业汇票到期，收回价款50 000元。

9. 购入30 000元的材料，增值税税额为5 100元，价款以银行存款支付，材料已入库。

10. 年末按应收账款余额的4‰计提坏账准备。

11. 按实际利率确认持有至到期投资的投资收益。

12. 月末，交易性金融资产公允价值为56 000元。

要求：根据上述资料，计算ABC公司2012年12月31日资产负债表中下列项目的金额：

(1)货币资金；

(2)存货；

(3)交易性金融资产；

(4)应收账款；

(5)一年内到期的非流动资产；

(6)固定资产；

(7)无形资产；

(8)应付账款；

(9)应交税费；

(10)短期借款；

(11)长期借款；

(12)持有至到期投资；

(13)一年内到期的非流动负债；

(14)未分配利润。

实训二

目的：实训资产负债表的编制。

资料：甲企业2012年12月31日的有关资料如下：

1. 科目余额表

单位:元

科目名称	借方余额	贷方余额
库存现金	10 000	
银行存款	57 000	
应收票据	60 000	
应收账款	80 000	
预付账款		30 000
坏账准备——应收账款		5 000
原材料	70 000	
周转材料	10 000	
发出商品	90 000	
材料成本差异		5 000
存货跌价准备		10 000
库存商品	100 000	
应收股利	1 000	
固定资产	800 000	
累计折旧		340 000
在建工程	40 000	
无形资产	150 000	
累计摊销		20 000
长期待摊费用	10 000	
短期借款		10 000
应付账款		70 000
预收账款		10 000
应付职工薪酬		4 000
应交税费		13 000
应付利息		1 000
长期借款		80 000
实收资本		500 000
盈余公积		180 000
未分配利润		200 000
合计	1 478 000	1 478 000

2. 债权债务明细科目余额:

应收账款明细资料如下:

应收账款——A 公司　　借方余额 100 000 元

应收账款——B 公司　　贷方余额 20 000 元

预付账款明细资料如下:

预付账款——C 公司　　借方余额 20 000 元

预付账款——D 公司　　贷方余额 50 000 元

应付账款明细资料如下:

应付账款——E 公司　　贷方余额 100 000 元

应付账款——F 公司　　借方余额 30 000 元

预收账款明细资料如下:

预收账款——G 公司　　贷方余额 40 000 元

预收账款——H 公司　　借方余额 30 000 元

3. 长期待摊费用共两笔,金额及期限如下:

#1 经营租入固定资产改良支出 7 000 元, 期限从 2011 年 10 月 1 日起 2 年摊销完毕。

#2 其他长期待摊费用 3 000 元, 期限从 2012 年 7 月 1 日起 5 年摊销完毕。

4. 长期借款共两笔,均为到期一次性还本付息,金额及期限如下:

#1 从工商银行借入 30 000 元, 期限从 2010 年 6 月 1 日至 2013 年 6 月 1 日。

#2 从建设银行借入 50 000 元, 期限从 2011 年 8 月 1 日至 2014 年 8 月 1 日。

要求:编制甲企业 2012 年 12 月 31 日的资产负债表。

资产负债表(简表)

编制单位:　　　　年　月　日　　　　单位:元

资产	年末数	负债和所有者权益	年末数
流动资产:		流动负债:	
货币资金		短期借款	
应收票据		应付账款	
应收账款		预收账款	
预付款项		应付职工薪酬	
其他应收款		应交税费	
存货		应付利息	
应收股利		一年内到期的非流动负债	
一年内到期的非流动资产		流动负债合计	
流动资产合计		非流动负债:	
非流动资产:		长期借款	
持有至到期投资		应付债券	
长期股权投资		非流动负债合计	
固定资产		负债合计	
在建工程		所有者权益:	
工程物资		实收资本	
固定资产清理		资本公积	
无形资产		盈余公积	
长期待摊费用		未分配利润	
非流动资产合计		所有者权益合计	
资产总计		负债和所有者权益总计	

实训三

目的:实训利润表的编制。

资料:明珠公司为增值税一般纳税人,适用的增值税税率为17%,适用的所得税税率为25%,不考虑其他相关税费。商品销售价格中均不含增值税税额,商品销售成本按发生的经济业务逐项结转。除特别指明外,所售资产均未计提减值准备。明珠公司2012年12月发生的经济业务及相关资料如下:

1.12月1日,向A公司销售商品一批,增值税专用发票上注明销售价格为500万元,增值税税率为17%。提货单和增值税专用发票已交A公司,款项尚未收取。为及时收回货款,给予A公司的现金折扣条件为"2/10,1/20,n/30"(假定计算现金折扣时不考虑增值税)。该批商品的实际成本为350万元。

2.12月5日,收到B公司来函,要求对当年11月10日所购商品在销售价格上给予10%的折让(明珠公司在该批商品售出时,已确认销售收入100万元,但款项尚未收取)。经查核,该批商品存在外观质量问题。明珠公司同意了B公司提出的折让要求。当日,收到B公司交来的税务机关开具的索取折让证明单,并开具红字增值税专用发票。

3.12月9日,收到资料1中A公司支付的货款,并存入银行。

4.12月12日,与C公司签订一项专利技术使用权转让合同。合同规定,C公司有偿使用明珠公司的该项专利技术,一次性支付使用费150万元;明珠公司在合同签订日提供该专利技术资料,不提供后续服务。与该项交易有关的手续已办妥,从C公司收取的使用费已存入银行。该无形资产的摊销额为20万元。

5.12月15日,与D公司签订一项为其安装设备的合同。合同规定,该设备安装期限为4个月,合同总价款为200万元。合同签订日预收价款50万元,至12月31日,已实际发生安装费用20万元(均为安装人员工资),预计还将发生安装费用80万元。明珠公司按实际发生的成本占总成本的比例确定安装劳务的完工程度,假定该合同的结果能够可靠地估计。

6.12月22日,销售材料一批,价款为60万元,该材料发出成本为50万元。款项已收入银行。

7.12月24日,转让交易性金融资产取得转让收入120万元,该交易性金融资产成本明细科目为90万元,"公允价值变动"明细科目借方余额为10万元。

8.计提存货跌价准备6万元、坏账准备4万元。按税法规定,企业计提的各项准备不允许税前扣除。

9.除上述经济业务外,登记本月发生的其他经济业务形成的有关账户发生额如下(单位:元):

账户名称	借方发生额	贷方发生额
营业税金及附加	40 000	
销售费用	60 000	
管理费用	80 000	
财务费用	20 000	
营业外收入		150 000
营业外支出	60 000	

10.12月31日,计算缴纳本月应交所得税(假定本月除以上事项外无其他纳税调整事项)。

要求:

1.编制明珠公司1~8和10项经济业务相关的会计分录("应交税费"科目要求写出明细科目及专栏名称)。

2.编制明珠公司2012年12月份的利润表。

利润表(简表)

会企02表

编制单位:　　　　年　月　　　　单位:元

项目	本期金额
一、营业收入	
减:营业成本	
营业税金及附加	
销售费用	
管理费用	
财务费用	
资产减值损失	
加:公允价值变动收益(损失以"-"号填列)	
投资收益(损失以"-"号填列)	
其中:对联营企业和合营企业的投资收益	
二、营业利润(亏损以"-"号填列)	
加:营业外收入	
减:营业外支出	
其中:非流动资产处置损失	
三、利润总额(亏损总额以"-"号填列)	
减:所得税费用	
四、净利润(净亏损以"-"号填列)	

实训四

目的:实训现金流量表的主要项目的计算。

资料:某企业2012年度有关会计资料如下:

1. 资产负债表和利润表

资产负债表(简表)

2012年12月31日　　单位:元

资产	期末余额	年初余额	负债和所有者权益	期末余额	年初余额
流动资产:			流动负债:		
货币资金	1 061 810	1 200 000	短期借款	780 000	680 000
交易性金融资产		25 000	应付账款	192 000	192 000
应收账款	530 430	299 100	其他应付款	11 400	11 400
其他应收款	4 000	4 000	应付职工薪酬	20 900	9 700
存货	613 400	580 000	应交税费	24 800	
流动资产合计	2 209 640	2 108 100	一年内到期的长期负债		200 000
非流动资产:			流动负债合计	1 029 100	1 093 100
可供出售金融资产			非流动负债:		
持有至到期投资			长期借款	310 000	300 000
长期股权投资	250 000	250 000	非流动负债合计	310 000	300 000
固定资产	1 138 000	1 080 000	负债合计	1 339 100	1 393 100
在建工程			所有者权益:		
工程物资			实收资本	2 000 000	2 000 000
固定资产清理			资本公积	92 831	62 000
无形资产	42 000	48 000	盈余公积	13 000	13 000
长期待摊费用			未分配利润	204 709	30 000
其他非流动资产	10 000	12 000	所有者权益合计	2 310 540	2 105 000
非流动资产合计	1 440 000	1 390 000			
资产总计	3 649 640	3 498 100	负债和所有者权益总计	3 649 640	3 498 100

利润表(简表)

2012年度　　单位:元

项目	本期金额	上期金额
一、营业收入	600 000	(本栏略)
减:营业成本	220 000	
营业税金及附加	10 000	
销售费用	20 000	

续表

项目	本期金额	上期金额
管理费用	72 300	
财务费用	16 000	
资产减值损失		
加:投资收益	32 000	
二、营业利润	293 700	
加:营业外收入		
减:营业外支出	1 700	
三、利润总额	292 000	
减:所得税费用	73 000	
四、净利润	219 000	

2.其他补充资料

(1)资产负债表有关资料

①坏账准备年初数为 900 元,年末数为 3 570 元,本年未发生坏账又收回。

②转让 25 000 元的交易性金融资产,收到价款 27 000 元。

③年末存货中含有本年发生的生产成本、制造费用为工资 60 000 元、福利费8 400 元、折旧费 25 000 元。

④用银行存款购买 100 000 元的固定资产。

⑤应交税费的组成:发生增值税销项税额 102 000 元、进项税额 27 200 元,支付增值税 50 000 元、所得税 73 000 元、城市维护建设税 7 000 元。

⑥本期用现金支付教育费附加 3 000 元。

⑦本期从银行借入短期借款 100 000 元,借入长期借款 200 000 元,偿还长期借款 200 000 元。

(2)利润表有关资料

①企业支付产品销售费用 20 000 元。

②管理费用的组成:工资 20 000 元,福利费 2 800 元,折旧费 17 670 元,无形资产摊销 6 000 元,长期待摊费用摊销 2 000 元,支付的其他费用 23 830 元。

③财务费用的组成:支付短期借款利息 6 000 元,应计长期借款利息费用10 000 元。

④投资收益的组成:收到股息收入 30 000 元,转让短期投资收益 2 000 元。

⑤营业外支出的组成:报废车床一台,原价 50 000 元,已计提折旧 48 000 元,支付清理费用 500 元,收到残值收入 800 元。

要求:根据以上资料计算现金流量表中的下列指标。

序号	项目名称	金额
1	销售商品、提供劳务收到的现金	
2	购买商品、接受劳务支付的现金	
3	支付给职工以及为职工支付的现金	
4	支付的各项税费	
5	支付的其他与经营活动有关的现金	
6	收回投资收到的现金	
7	取得投资收益收到的现金	
8	处置固定资产、无形资产和其他长期资产收到的现金净额	
9	购建固定资产、无形资产和其他长期资产支付的现金	
10	取得借款收到的现金	
11	偿还债务支付的现金	
12	分配股利、利润和偿付利息支付的现金	

实训五

目的:实训利润表的编制。

资料:甲公司为增值税一般纳税人,适用的增值税税率为17%,所得税税率为25%,年末一次确认全年所得税费用。商品、材料销售均不含增值税,商品、材料销售成本随销售收入的确认逐笔结转,本年利润采用表结法核算。

1. 2012年1月至11月甲公司损益类科目累计发生额如下表所示。

单位:万元

科目名称	借方发生额	贷方发生额	科目名称	借方发生额	贷方发生额
主营业务收入		1 650	销售费用	42	
主营业务成本	1 320		管理费用	38	
其他业务收入		160	财务费用	19	
其他业务成本	85		营业外收入		90
营业税金及附加	26		营业外支出	78	

2. 2012年12月甲公司发生如下交易或事项:

(1)12月5日,向乙公司销售商品一批,开出的增值税专用发票上注明的价款为60万元、增值税税额为10.2万元,销售商品实际成本为45万元。提货单和增值税专用发票已交购货方,并收到购货方开出的商业承兑汇票。

(2)12月10日,向丙公司销售A材料一批。该批材料的销售价格为5万元,增值税税额为0.85万元,实际成本为4万元。A材料已发出,销售款项存入银行。

(3)12 月 18 日,结转固定资产净收益 8 万元。

(4)12 月 31 日,计提公司管理部门固定资产折旧 5 万元,摊销公司管理部门用无形资产成本 8 万元。

(5)12 月 31 日,确认本月应交的城市维护建设税 2 万元、教育费附加 1 万元。

(6)12 月 31 日,确认本年所得税费用 75 万元。

假定除上述资料外,不考虑其他相关因素。

要求:

1. 根据(1)~(6)的业务,编制甲公司相应的会计分录。(答案中的金额单位用万元表示)

2. 根据资料,编制甲公司 2012 年度利润表。

第16章 外币折算

训练目标

1. 熟悉记账本位币的概念和记账本位币的确定方法。
2. 熟悉外币核算的一般程序。
3. 掌握外币交易处理中的外币货币性项目的核算和外币非货币性项目的核算。
4. 掌握外币交易的初始确认和期末调整或结算的会计处理。
5. 掌握外币财务报表的折算方法。

关键术语

记账本位币　主要经济环境　汇率　货币性项目　非货币性项目　外币财务报表的折算

练习题

一、单项选择题

1. 企业的记账本位币是指(　　)。

A. 企业经营所处的主要经济环境中的货币

B. 人民币

C. 企业总机构所在地使用的货币

D. 企业主管部门确定的货币

2. 某企业采用人民币作为记账本位币。下列项目中,不属于该企业外币业务的是(　　)。

A. 与外国企业发生的以人民币计价结算的购货业务

B. 与国内企业发生的以美元计价的销售业务

C. 与外国企业发生的以美元计价结算的购货业务

D. 与中国银行之间发生的美元与人民币的兑换业务

3. 企业记账本位币发生变更的,其比较财务报表应当以(　　)折算所有资产负债表和利润表。

A. 变更当日的即期汇率

B. 变更当期期初的市场汇率

C. 按照系统合理的方法确定的、与交易发生日即期汇率近似的汇率

D. 可比当日的即期汇率

4. 企业在发生外币业务时,下列不属于外币账户的是(　　)。

A. 短期借款　　B. 实收资本　　C. 应收账款　　D. 应付账款

5. 企业在以交易发生日的即期汇率作为折算汇率的情况下,将人民币兑换成外币时所产生的汇兑损益是指(　　)。

A. 账面汇率与当日市场汇率之差引起的折算差额

B. 账面汇率与当日银行卖出价之差引起的折算差额

C. 银行买入价与交易发生日的即期汇率之差引起的折算差额

D. 银行卖出价与交易发生日的即期汇率之差引起的折算差额

6. 在投资合同已约定折算汇率的情况下,以人民币作为记账本位币的外商投资企业在收到外币资本投资时应采用的折算方法是(　　)。

A. 收到的外币资产和实收资本均按合同约定汇率折算

B. 收到的外币资产和实收资本均按交易发生日即期汇率折算

C. 收到的外币资产按合同约定汇率折算,实收资本按交易发生日即期汇率折算

D. 收到的外币资产按交易发生日即期汇率折算,实收资本按合同约定汇率折算

7. 某合资企业收到外商作为实收资本投入的设备一台,协议价为 100 万美元,合同约定汇率为 1∶7.28,收到该设备时的即期汇率为 1 美元 =7.26 元人民币,收到该设备后发生运杂费 2 万元人民币、安装调试费用 12 万元人民币、进口关税 20 万元人民币。该设备的入账价值为(　　)万元人民币。

A. 762　　B. 726　　C. 728　　D. 760

8. 某企业对外币业务采用发生日的即期汇率进行折算,按月计算汇兑损益。6 月 10 日,销售价款为 30 万美元的产品一批,货款尚未收到,当日的即期汇率为 1 美元 =7.25 元人民币。6 月 30 日的即期汇率为 1 美元 =7.28 元人民币。7 月 20 日,销售价款为 20 万美元的产品一批,货款尚未收到,当日的即期汇率为 1 美元 =7.24 元人民币。7 月 31 日的即期汇率为 1 美元 =7.23 元人民币。货款于 8 月 22 日收回。该外币应收账款 7 月份发生的汇兑收益为(　　)万元人民币。

A. 1.7　　B. 0.6　　C. -1.7　　D. -0.6

9. 甲公司对外币业务采用发生时的即期汇率折算,季度末计提利息和计算汇兑损益。7 月 1 日,甲公司从金融机构借入 100 万美元,期限为 6 个月,年利率为 6%,到期还本付息。借入时的即期汇率为 1 美元 =8.06 元人民币,9 月 30 日的即期汇率为 1 美元 =8.07 元人民币。则甲公司 9 月 30 日该项短期借款的汇兑收益为(　　)万元人民币。

A. 1　　B. -1　　C. -1.03　　D. -1.015

10. 某中外合资经营企业注册资本为400万美元,合同约定分两次投入,约定折算汇率为1:8.0。中外投资者分别于2009年1月1日和3月1日投入300万美元和100万美元。2009年1月1日、3月1日、3月31日和12月31日美元对人民币的汇率分别为1:7.20、1:7.25、1:7.24和1:7.30。假定该企业采用人民币作为记账本位币,外币业务采用交易发生日的即期汇率折算,该企业2009年年末资产负债表中"实收资本"项目的金额为(　　)万元人民币。

A. 3 200　　B. 2 885　　C. 3 285　　D. 2 880

11. 甲公司以人民币为记账本位币。2009年11月20日,以每台2 000美元的价格从美国某供货商手中购入国际最新型号H商品10台,并于当日支付了相应货款(假定甲公司有美元存款)。2009年12月31日,已售出H商品2台,国内市场仍无H商品供应,H商品在国际市场上的价格已降至每台1 950美元。11月20日的即期汇率为1美元=7.8元人民币,12月31日的即期汇率为1美元=7.9元人民币。假定不考虑增值税等相关税费,甲公司2009年12月31日应计提的存货跌价准备为(　　)元人民币。

A. 3 120　　B. 1 560　　C. 0　　D. 3 160

12. 甲公司2009年12月2日以50 000港元购入某H股20 000股作为交易性金融资产,当日汇率为1港元=1.2元人民币。2009年12月31日,由于股票市价变动,当月购入的H股公允价值为54 000港元,当日汇率为1港元=1.1元人民币。对该项交易性金融资产甲公司应确认(　　)元人民币。

A. 汇兑损益5 000(损失)　　B. 公允价值变动损益4 400(收益)

C. 公允价值变动损益600(损失)　　D. 汇兑损益600(收益)

13. 某企业以人民币为记账本位币,外币业务采用交易发生日的即期汇率折算。该企业月初持有60 000美元存款,月初市场汇率为1美元=7.30元人民币。当月20日,将其中的20 000美元出售给中国银行,当日中国银行美元买入价为1美元=7.20元人民币,市场汇率为1美元=7.24元人民币,美元卖出价为1美元=7.26元人民币。该企业售出美元时应确认的汇兑损益为(　　)元人民币。

A. 800　　B. -800　　C. 2 000　　D. 1 200

14. 某外商投资企业银行存款(美元)账户上期期末余额为50 000美元,市场汇率为1美元=7.30元人民币,该企业采用当日市场汇率作为记账汇率。该企业本月10日将其中10 000美元在银行兑换为人民币,银行当日美元买入价为1美元=7.25元人民币,当日市场汇率为1美元=7.32元人民币。该企业本期没有其他涉及美元账户的业务,期末市场汇率为1美元=7.28元人民币。则该企业本期登记的财务费用(汇兑损失)共计(　　)元人民币。

A. 600　　B. 700　　C. 1 300　　D. -100

15. 企业对境外经营的财务报表进行折算时,资产负债表中的所有者权益项目除"未分配利润”项目外,其他项目采用( )折算。

A. 交易发生日的即期汇率

B. 按照系统合理的方法确定的、与交易发生日即期汇率近似的汇率

C. 资产负债表日的即期汇率

D. 平均汇率

16. 企业在编制合并财务报表时,下列子公司外币财务报表项目中,可以采用与交易发生日即期汇率近似的汇率折算为母公司记账本位币的是( )。

A. 资本公积 B. 盈余公积 C. 未分配利润 D. 营业收入

17. 我国会计准则中外币财务报表折算差额在财务报表中应作为( )。

A. 资产负债表中所有者权益项目单独列示

B. 长期投资列示

C. 管理费用列示

D. 长期负债列示

18. 某公司一境外子公司记账本位币为欧元,期初折算汇率为 1 欧元 =10 元人民币,期末折算汇率为 1 欧元 =10.4 元人民币,该公司即期采用平均汇率对利润表项目及其分配项目进行核算。期初未分配利润有 100 万欧元,折合人民币 950 万元,本期取得净利润 200 万欧元,折算成人民币后为 2 040 万元,计提盈余公积 20 万欧元,期末该企业折算后未分配利润的人民币金额应为( )万元。

A. 2 786 B. 2 990 C. 3 020 D. 1 836

二、多项选择题

1. 下列说法中正确的有( )。

A. 企业记账本位币一经确定,不得随意变更,除非企业经营所处的主要经济环境发生重大变化

B. 企业记账本位币一经确定,不得变更

C. 企业的记账本位币一定是人民币

D. 企业确需变更记账本位币的,应当采用变更当日的即期汇率将所有项目折算为变更后的记账本位币

2. 企业选定记账本位币,应当考虑的因素有( )。

A. 该货币主要影响商品和劳务的销售价格,通常以该货币进行商品和劳务的计价和结算

B. 该货币主要影响商品和劳务所需人工、材料和其他费用,通常以该货币进行上述费用的计价和结算

C. 融资活动获得的货币以及保存从经营活动中收取的款项所使用的货币

D. 会计人员的素质

3. 企业的境外经营机构选择记账本位币时，应考虑的因素包括（　　）。

A. 境外经营机构对其所从事的活动是否拥有很强的自主性

B. 与企业的交易是否在境外经营活动中占有较大比重

C. 境外经营活动产生的现金流量是否直接影响企业的现金流量

D. 境外经营活动产生的现金流量是否可以随时汇回

4. 企业发生下列核算项目时，应当设置外币账户的有（　　）。

A. “固定资产”　B. “应收账款”　C. “银行存款”　D. “应付账款”

5. 企业的下列外币业务中，在业务发生时即可能产生汇兑差额的有（　　）。

A. 外币借贷业务　B. 企业将外币出售给银行

C. 企业从银行买入外币　D. 以外币结算的购销业务

6. 下列外币货币性项目在本期均未发生增减变动，在期末市场汇率上升的情况下将其折算为记账本位币，产生汇兑收益的有（　　）。

A. 应收账款　B. 银行存款

C. 应付账款　D. 短期借款

7. 企业在资产负债表日，应当按照准则规定对外币货币性项目和外币非货币性项目进行处理，下列说法中正确的有（　　）。

A. 外币货币性项目，采用资产负债表日即期汇率折算

B. 外币货币性项目，因资产负债表日即期汇率与初始确认时或者前一资产负债日即期汇率不同而产生的汇兑差额，计入当期损益

C. 外币货币性项目，因资产负债表日即期汇率与初始确认时或者前一资产负债日即期汇率不同而产生的汇兑差额，计入递延损益

D. 以历史成本计量的外币非货币性项目，仍采用交易发生日的即期汇率折算，不改变其记账本位币金额

8. 关于外币财务报表折算的一般原则，下列说法不正确的有（　　）。

A. 企业境外经营的财务报表必须进行折算

B. 在对企业境外经营财务报表进行折算前，应当调整境外经营的会计期间和会计政策，使之与企业的会计期间和会计政策相一致

C. 资产负债表中的“未分配利润”项目应该采用交易发生日的即期汇率折算

D. 所有者权益变动表中当期计提的盈余公积可以采用当期平均汇率折算

9. 下列各项中，在资产负债表日应按该日即期汇率折算的有（　　）。

A. 以外币购入的存货　B. 外币债权债务

C. 以外币购入的固定资产　D. 以外币标价的交易性金融资产

10. 下列项目中，可以作为汇兑损益计入当期损益的有（　　）。

A. 外币资本折算差额　B. 买卖外汇时发生的折算差额

C. 外币财务报表折算差额　D. 期末“应收账款”科目的折算差额

三、判断题

1. 外币交易,是指以外币计价或者结算的交易。外币是指人民币以外的货币。( )

2. 即期汇率,通常是指中国人民银行公布的当日人民币外汇牌价。企业发生的外币兑换业务或涉及外币兑换的交易事项,应当按照交易实际采用的汇率(即银行买入价或卖出价)折算。( )

3. 即期汇率的近似汇率,是指按照系统合理的方法确定的、与交易发生日即期汇率近似的汇率,通常采用当期平均汇率或加权平均汇率等。( )

4. 境外经营是指企业在境外的子公司、合营企业、联营企业、分支机构。企业在境内的子公司、合营企业、联营企业、分支机构,采用不同于本企业记账本位币的,不属于境外经营。( )

5. 我国企业外币财务报表的折算,是把境外经营的外币财务报表折算为以母公司记账本位币表示的财务报表,它不涉及境内子公司。( )

6. 企业因经营所处的主要经济环境发生重大变化,确需变更记账本位币的,应当采用合同约定的汇率将所有项目折算为变更后的记账本位币。( )

7. 按照现行企业会计准则的规定,企业各外币账户的外币金额采用资产负债表日即期汇率折合为记账本位币的金额,与原账面记账本位币金额之间的差额,均应计入当期损益。( )

8. 企业发生收到投入外币资本业务时,在有合同约定汇率的情况下,有关资产和实收资本账户均应按合同约定汇率折合为人民币金额记账。( )

9. 在资产负债表日,外币非货币性项目仍采用交易发生日的即期汇率折算,不改变其记账本位币金额。( )

10. 利润表中的收入和费用项目,可以采用交易发生日的即期汇率折算,也可以采用按照系统合理的方法确定的、与交易发生日即期汇率近似的汇率折算。( )

11. 以公允价值计量的外币非货币性项目,采用公允价值确定日的即期汇率折算,折算后的记账本位币金额与原记账本位币金额的差额,计入财务费用。( )

12. 对于以历史成本计量的外币非货币性项目,由于已在交易发生日按当日即期汇率折算,资产负债表日不应改变其原记账本位币金额,不产生汇兑差额。( )

13. 对于需要计提减值准备的外币应收项目,应先计提减值准备,然后按照资产负债表日的即期汇率折算,因汇率波动而产生的汇兑差额作为财务费用,计入当期损益,同时调增或调减外币货币性项目的记账本位币金额。( )

14. 对于交易性金融资产等外币非货币性项目,其公允价值变动计入当期损益的,相应的汇率变动的影响计入资本公积。( )

15. 在对企业境外经营的财务报表进行折算时,应当调整境外经营的会计期间和会计政策,使之与企业的会计期间和会计政策相一致,根据调整后的会计期间和会计政策编制相应货币的财务报表,然后再进行折算。( )

16. 企业折算境外经营的资产负债表时,所有者权益项目中除"未分配利润"项目外,其他项目采用发生时的即期汇率折算。( )

实训题

实训一

目的:实训外币交易的会计处理。

资料:甲上市公司以人民币为记账本位币,对外币业务采用交易日即期汇率折算,属于增值税一般纳税企业。

1. 2009 年 1 月 20 日,以人民币银行存款偿还 2008 年 11 月应付账款 100 万美元。银行当日卖出价为 1 美元 =7.14 元人民币,银行当日买入价为 1 美元 =7.10 元人民币,交易发生日的即期汇率为 1 美元 =7.12 元人民币。2008 年 12 月 31 日,即期汇率为 1 美元 =7.15 元人民币。

2. 2009 年 2 月 20 日,收到某公司偿还应收账款 500 万美元,并兑换为人民币。银行当日卖出价为 1 美元 =7.16 元人民币,银行当日买入价为 1 美元 =7.14 元人民币,交易发生日的即期汇率为 1 美元 =7.15 元人民币。

3. 2009 年 10 月 20 日,即期汇率为 1 美元 =7.3 元人民币,以 0.2 万美元/台的价格从美国购入国际最新型号的健身器材(该健身器材在国内市场尚无供应)500 台,并于当日支付了美元存款。按照规定计算应缴纳的进口关税为 5 万元人民币,支付的进口增值税为 8.5 万元人民币。

4. 2009 年 10 月 25 日,以每股 6.5 港元的价格购入乙公司的 H 股 500 万股作为交易性金融资产,另支付交易费用 10 万港元。当日汇率为 1 港元 =1.1 元人民币,款项已用港元支付。

5. 2009 年 12 月 31 日,健身器材尚有 100 台库存,国内市场仍无该健身器材供应,它在国际市场上的价格已降至 0.18 万美元/台。12 月 31 日的即期汇率为 1 美元 =7.2 元人民币。假定不考虑增值税等相关税费。

6. 2009 年 12 月 31 日,乙公司 H 股的市价为每股 6 港元,当日汇率为 1 港元 =1.2 元人民币。

要求:

1. 编制 2009 年 1 月 20 日以人民币银行存款偿还应付账款的会计分录。
2. 编制 2009 年 2 月 20 日收到应收账款的会计分录。
3. 编制 2009 年 10 月 20 日购入健身器材的会计分录。
4. 编制 2009 年 10 月 25 日购入交易性金融资产的会计分录。
5. 编制 2009 年 12 月 31 日对健身器材计提的存货跌价准备。
6. 编制 2009 年 12 月 31 日有关交易性金融资产公允价值变动的会计分录。

实训二

目的:实训外币交易的期末调整或结算的会计处理。

资料:宏达有限责任公司的外币交易采用交易发生时的市场汇率进行折算,并按月计算汇兑损益。11月30日,市场汇率为1美元=6.5元人民币。有关外币账户期末余额如下:

项目	外币账户金额(美元)	汇率	记账本位币金额(人民币)
银行存款	500	6.5	3 250
应收账款	20	6.5	130
应付账款	10	6.5	65
长期借款	80	6.5	520

宏达有限责任公司12月份发生如下外币业务(假设不考虑相关税费):

1.12月2日,以每股5美元的价格购入甲公司的股票100万股,作为交易性金融资产核算,当日的汇率为1美元=6.46元人民币,款项已用美元支付。

2.12月10日,对外销售一批商品,售价为30万美元,当日的市场汇率为1美元=6.6元人民币,款项尚未收到。

3.12月16日,收到国外的投资500万美元,合同约定的汇率为1美元=6.8元人民币,款项已收到,当日的市场汇率为1美元=6.53元人民币。

4.12月20日,购入一批原材料,该批原材料的价款为50万美元,款项尚未支付,当日的市场汇率为1美元=6.56元人民币。

5.12月23日,收到应收账款20万美元,款项已存入银行,当日的市场汇率为1美元=6.55元人民币。

6.12月31日,计提长期借款利息5万美元,利息尚未支付。该项长期借款是在当年1月1日借入的,用于建造固定资产,到期一次还本付息。该项固定资产在当年1月1日已开始建造,年末尚未完工。

7.12月31日,当月购入的甲公司股票的公允价值为每股4.6美元,当日的市场汇率为1美元=6.56元人民币。

要求:

1.编制上述业务的相关会计分录。

2.计算期末汇兑损益并作出相关的账务处理。

第17章

会计政策、会计估计变更和差错更正

训练目标

1. 掌握会计政策、会计政策变更的概念及会计政策变更的会计处理方法。
2. 掌握追溯调整法的概念、步骤及账务处理。
3. 熟悉会计政策变更的披露内容。
4. 掌握会计估计、会计估计变更的概念及会计估计变更的会计处理方法。
5. 熟悉会计估计变更的披露内容。
6. 掌握前期差错的概念及会计处理方法。
7. 熟悉前期差错的类型及主要内容。
8. 熟悉前期差错更正的披露内容。

关键术语

会计政策　会计政策变更　追溯调整法　累积影响数　会计估计　会计估计变更　未来适用法　前期差错　重要的前期差错　追溯重述法

练习题

一、单项选择题

1. 下列会计核算的原则和方法中，不属于企业会计政策的是(　　)。
   A. 实质重于形式要求
   B. 坏账损失采用备抵法核算
   C. 存货期末计价采用成本和可变现净值孰低法核算
   D. 权责发生制的核算基础
2. 下列交易或事项中，属于会计政策变更的是(　　)。
   A. 对不重要的交易或事项采用新的会计政策

B. 期末对原按业务发生时的汇率折算的外币长期借款余额按期末市场汇率进行调整

C. 发出存货的计价方法由加权平均法改为先进先出法

D. 固定资产预计使用年限由 5 年延长至 8 年

3. 会计政策变更时,会计处理方法的选择应遵循的原则是(　　)。

A. 只能采用追溯调整法

B. 只能采用追溯重述法

C. 会计政策变更累积影响数可以合理确定时采用追溯调整法,不能合理确定时采用未来适用法

D. 只能采用未来适用法

4. 当很难区分某种会计变更是属于会计政策变更还是属于会计估计变更的情况下,通常将这种会计变更视为(　　)。

A. 会计政策变更处理　　B. 会计估计变更处理

C. 前期差错处理　　D. 资产负债表日后事项处理

5. 下列各项中,属于会计估计变更的是(　　)。

A. 建造合同由按完成合同法确认收入改为按完工百分比法确认收入

B. 将存货的计价方法由加权平均法改为先进先出法

C. 因固定资产扩建而重新确定其预计可使用年限

D. 将无形资产的摊销年限由 10 年改为 15 年

6. 甲公司于 2012 年 9 月 20 日发现 2011 年 9 月 20 日误将购入 100 万元固定资产支出计入销售费用,对利润影响较大。该公司编制 2012 年 9 月财务报表时应(　　)。

A. 调整 2011 年度财务报表相关项目的期初数

B. 调整 2011 年度财务报表相关项目的期末数

C. 调整 2012 年度财务报表相关项目的期初数

D. 调整 2012 年度财务报表相关项目的期末数

7. 乙公司 2012 年实现净利润 500 万元。该公司 2012 年发生和发现的下列交易或事项中,会影响其年初未分配利润的是(　　)。

A. 发现 2011 年少计财务费用 3 000 000 元

B. 发现 2010 年少提固定资产折旧 1 000 元

C. 为 2011 年售出产品提供售后服务发生支出 350 000 元

D. 将无形资产的摊销年限由 10 年改为 15 年

8. 企业对结果不确定的交易或事项以最近可利用的信息为基础所作的判断是(　　)。

A. 会计估计　　B. 会计政策　　C. 会计差错　　D. 会计原则

9. 企业本期发现与以前期间相关的非重要前期差错,应(　　)。

A. 作为本期的事项处理

B. 不作处理

C. 调整发现当期的期初留存收益

D. 调整财务报表其他相关项目的期初数

10. 公司本年度发现以前年度的重要前期差错，应（　　）。

A. 作为本年度事项处理

B. 修改以前年度的报表

C. 不作任何处理

D. 调整本年度财务报表的年初数和上年数

二、多项选择题

1. 以下属于会计政策特点的有（　　）。

A. 会计政策包括不同层次，具体包括会计原则、会计基础和具体的会计处理方法

B. 会计政策是在允许的会计原则和会计方法中作出的具体选择

C. 会计政策是企业进行会计核算的基础

D. 会计政策应当前后各期保持一致

2. 在下列选项中，属于需要披露的会计政策类型的有（　　）。

A. 财务报表的编制基础　　B. 合并政策

C. 外币折算　　D. 长期股权投资的核算

3. 下列事项中，属于会计政策变更的有（　　）。

A. 因追加投资将长期股权投资从按成本法改为按权益法核算

B. 收入确认由完成合同法改为完工百分比法

C. 无形资产摊销年限从 15 年改为 10 年

D. 按规定，存货期末计价的方法由成本法改为成本与可变现净值孰低法

4. 下列各项中，符合会计准则规定的会计政策变更的有（　　）。

A. 对初次发生的事项采用新的会计政策

B. 本期发生的交易或事项与以前相比具有本质差别而采用新的会计政策

C. 根据会计准则、规章的要求而变更会计政策

D. 为提供更可靠、更相关的信息采用新的会计政策

5. 应采用未来适用法处理会计政策变更的情况有（　　）。

A. 企业因账簿超过法定保存期限而销毁，引起会计政策变更，累积影响数无法确定

B. 企业账簿因不可抗力而毁坏，引起累积影响数无法确定

C. 会计政策变更累积影响数能够确定，但法律或行政法规要求对会计政策的变更采用未来适用法

D. 会计政策变更累积影响数能够合理确定，国家相关准则规定应追溯调整

6. 下列选项中，符合会计准则规定的有（　　）。

A. 由于物价持续上涨，存货的核算由原来的先进先出法改为加权平均法

B. 由于银行提高了借款利率，导致当期财务费用偏高，故公司将超出财务计划的

利息暂作资本化处理

C. 由于产品销路不畅，销售收入减少，固定费用相对过高，公司将固定资产折旧方法由原来的年数总和法改为年限平均法

D. 由于客户财务状况改善，公司将坏账准备的计提比例由原来的5%降为3%

7. 以下属于会计估计特点的有(　　)。

A. 会计估计的存在是由于经济活动中内在的不确定因素的影响

B. 进行会计估计时，往往以最近可利用的信息或资料为基础

C. 为了保证会计信息的质量，必须合理地进行会计估计

D. 会计估计包括不同层次，具体包括会计原则、会计基础和具体的会计处理方法

8. 下列各项目中，属于会计估计变更的有(　　)。

A. 将建造合同的收入确认由完工百分比法改为完成合同法

B. 将固定资产的折旧方法由双倍余额递减法改为平均年限法

C. 因出现相关新技术，将某专利权的摊销年限由 15 年改为 10 年

D. 将存货的期末计价方法由成本法改为成本与可变现净值孰低法

9. 下列关于会计估计变更的说法中，正确的有(　　)。

A. 会计估计变更应采用未来适用法进行会计处理

B. 如果以前期间的会计估计变更的影响数计入日常经营活动损益，则以后期间也计入日常活动损益

C. 如果会计估计变更仅影响变更当期，有关估计变更的影响应于当期确认

D. 如果会计估计变更既影响变更当期又影响未来期间，有关估计变更的影响在当期及以后期间确认

10. 前期差错一般包括(　　)。

A. 计算错误

B. 会计政策应用错误

C. 疏忽或曲解事实以及舞弊所产生的影响

D. 存货、固定资产盘盈等

11. 下列各项中，属于会计政策变更的有(　　)。

A. 无形资产摊销方法由生产总量法改为年限平均法

B. 因执行新会计准则，将建造合同收入确认方法由完成合同法改为完工百分比法

C. 投资性房地产的后续计量由成本模式改为公允价值模式

D. 因执行新会计准则，对子公司的长期股权投资由按权益法改为按成本法核算

12. 下列各项中，属于会计估计变更的有(　　)。

A. 固定资产折旧年限由 10 年改为 15 年

B. 发出存货计价方法由先进先出法改为加权平均法

C. 因或有事项确认的预计负债根据最新的证据进行的调整

D. 根据新的证据，将使用寿命不确定的无形资产转为使用寿命有限的无形资产

三、判断题

1. 会计估计变更是指企业对相同的交易或事项由原来采用的会计政策改用另外一种会计政策的行为。( )

2. 企业应该按照会计准则和会计制度规定的原则和方法进行核算,各期采用的会计原则和方法应当保持一致,不得随意变更。( )

3. 会计政策变更意味着以前期间的会计政策是错误的。( )

4. 本期发生的交易或者事项与以前相比具有本质差别而采用新的会计政策,也属于会计政策变更。( )

5. 如果会计政策变更能够提供更可靠、更相关的会计信息,都必须采用追溯调整法处理。( )

6. 将某项持有至到期投资转为可供出售金融资产时,应当作为会计政策变更处理。( )

7. 进行会计估计是根据当前所掌握的可靠证据作出最佳估计,并不会对会计核算的可靠性产生影响。( )

8. 企业应当采用追溯重述法更正重要的前期差错,但确定前期差错累积影响数不切实可行的除外。对于不重要的前期差错,可以采用未来适用法更正。( )

9. 前期差错不包括固定资产盘盈。( )

10. 企业发生重大会计差错,无论是本期差错还是以前差错,均应调整期初留存收益和其他相关事项。( )

实训题

实训一

目的:实训会计政策变更的会计处理。

资料:甲公司从2010年1月1日起执行《企业会计准则》,从2010年1月1日起,所得税的核算方法由应付税款法改为资产负债表债务法,所得税税率为25%。2009年年末,资产负债表中存货的账面价值为800万元,计税基础为900万元;固定资产的账面价值为2 000万元,计税基础为2 200万元;预计负债的账面价值为300万元,计税基础为零。假定甲公司按10%提取法定盈余公积。

要求:

1. 计算该会计政策变更的累积影响数,确认递延所得税资产。

2. 编制2010年与会计政策变更相关的账务处理。

实训二

目的:实训会计估计变更的会计处理。

资料:甲公司适用的所得税税率为 25%,所得税采用资产负债表债务法核算。考虑到技术进步的因素,自 2013 年 1 月 1 日起将一套设备的使用年限由 8 年改为 5 年。该套设备系 2011 年 1 月 1 日购入并投入使用的,原价为 250 万元,预计使用 8 年,预计净残值为 10 万元,采用直线法计提折旧。按税法规定,该套设备的使用年限为 8 年,并按直线法计提折旧。

要求:计算会计估计变更对 2013 年度净利润的影响额。

实训三

目的:实训前期差错更正的会计处理。

资料:甲公司于 2013 年 6 月发现下列差错:

1. 2013 年 1 月购入的一项管理用低值易耗品,价值 1 500 元,误记为固定资产,并已提折旧 150 元,假设该低值易耗品尚未领用。

2. 2013 年 5 月发现 2012 年对外销售一批商品,当时的账务处理为:

借:银行存款　　　　351 000

　贷:其他应收款　　　　351 000

2012 年年底未作任何调整,成本也未结转。该批商品实际成本为 240 000 元。

该公司所得税采用资产负债表债务法核算,所得税税率为 25%,该公司按 10% 计提法定盈余公积。

要求:作出对前期差错更正的相应会计处理。

第18章 资产负债表日后事项

训练目标

1. 理解资产负债表日后事项的概念。

2. 掌握资产负债表日后事项的范围、涵盖的期间、分类。

3. 掌握调整事项的概念和特点。

4. 掌握非调整事项的概念和特点。

5. 掌握调整事项和非调整事项的判断标准，熟练判断某事项是调整事项还是非调整事项。

6. 掌握调整事项的内容及会计处理。

7. 掌握非调整事项的内容及会计处理。

关键术语

资产负债表日　财务报告批准报出日　资产负债表日后事项　资产负债表日后事项所涵盖的期间　调整事项　非调整事项

练习题

一、单项选择题

1. 某上市公司2012年度财务报告于2013年2月10日编制完成，所得税汇算清缴日是2013年3月20日，注册会计师完成审计及签署审计报告日是2013年4月20日，经董事会批准报表对外公布日为2013年4月22日，股东大会召开日是2013年4月25日，按照准则规定，资产负债表日后事项的涵盖期间为(　　)。

A. 2013年1月1日至2013年2月10日

B. 2013年2月10日至2013年4月22日

C. 2013年2月10日至2013年4月25日

D. 2013 年 1 月 1 日至 2013 年 4 月 22 日

2. 以下对资产负债表日后事项表述正确的是(　　)。

A. 资产负债表日后事项涵盖期间所发生的全部事项

B. 资产负债表日后事项涵盖期间所发生的有利于资产负债表日财务状况的事项

C. 资产负债表日后事项涵盖期间所发生的不利于资产负债表日财务状况的事项

D. 资产负债表日后事项涵盖资产负债表日至财务报告批准报出日之间发生的需要调整或说明的有利或不利事项

3. 甲公司 2013 年 2 月 2 日应收 B 企业账款 500 万元,双方约定在当年的 12 月 2 日偿还,但 12 月 20 日 B 企业宣告破产无法偿付欠款,则甲公司在当年 12 月 31 日的资产负债表上,对这笔 500 万元款项(　　)。

A. 应作为非调整事项处理　　B. 应作为调整事项处理

C. 不需要反映　　D. 作为 2013 年发生的业务反映

4. 某上市公司 2012 年度财务报告批准报出日为 2013 年 4 月 10 日。公司在 2013 年 1 月 1 日至 4 月 10 日发生的下列事项中,属于资产负债表日后调整事项的是(　　)。

A. 公司在一起历时半年的诉讼中败诉,支付赔偿金 50 万元,公司在上年年末已确认预计负债 30 万元

B. 因遭受水灾,上年购入的存货发生 100 万元的毁损

C. 公司董事会提出 2012 年度利润分配方案为每 10 股送 3 股股票股利

D. 公司支付 2012 年度财务报告审计费 40 万元

5. 资产负债表日至财务报告批准报出日之间发生的下列事项,属于资产负债表日后调整事项的是(　　)。

A. 为子公司的银行借款提供担保

B. 对资产负债表日存在的债务签订债务重组协议

C. 法院判决赔偿的金额与资产负债表日预计的相关负债的金额不一致

D. 债务单位遭受自然灾害导致资产负债表日存在的应收款项无法收回

6. 某上市公司在其年度资产负债表日至财务报告批准报出日发生的下列事项中,属于调整事项的是(　　)。

A. 因税收优惠退回报告年度以前的所得税 200 万元

B. 因报告年度走私而被罚款 200 万元

C. 对报告年度的工程完工进度作了修改,增加主营业务收入 200 万元

D. 以存货归还报告年度形成的负债 200 万元

7. 甲公司 2012 年 12 月 20 日向乙公司销售一批商品,已进行收入确认的有关账务处理。2013 年 2 月 1 日,乙公司收到货物后验收发现存在质量问题,要求退货,经协商,2 月 10 日甲公司给予 30 万元折让。甲公司年度资产负债表批准报出日是 4 月 30 日。甲公司对此业务的处理是(　　)。

A. 作为 2012 年资产负债表日后事项的调整事项

B. 作为 2012 年资产负债表日后事项的非调整事项

C. 作为2013年差错更正事项

D. 作为2013年当期正常事项

8. 某公司2012年度财务报告经董事会批准于2013年3月28日报出。则该公司在2013年1月1日至3月28日发生的下列事项中,属于资产负债表日后事项的调整事项的是(　　)。

A. 2013年3月10日取得确凿证据,表明某项资产在资产负债表日发生了减值或者需要调整该项资产原先确认的减值金额

B. 2013年2月10日销售的产品被退回

C. 2013年2月18日董事会提出资本公积转增资本方案

D. 2013年3月18日董事会成员发生变动

9. "以前年度损益调整"科目用来核算(　　)。

A. 本年度发现的以前年度非重大差错涉及损益调整的事项

B. 资产负债表日后事项中的非调整事项涉及损益调整的事项

C. 本年度发现的以前年度重大差错涉及损益调整的事项

D. 本年度发现的以前年度重大差错涉及利润分配调整的事项

10. 下列项目中,在"以前年度损益调整"科目的借方反映的是(　　)。

A. 调整以前年度损益而需调增的管理费用

B. 调整以前年度损益而相应减少的所得税

C. 调整以前年度损益而相应增加的主营业务收入

D. 调增本期管理费用

11. 资产负债表日至财务报告批准报出日之间发生的调整事项在进行调整处理时,不能调整的项目是(　　)。

A. 涉及损益的事项　　B. 涉及利润分配的事项

C. 涉及应交税费的事项　　D. 涉及现金收支的事项

12. 下列有关资产负债表日后事项表述正确的是(　　)。

A. 资产负债表日至财务报告批准报出日之间,由董事会制订的财务报告所属期间利润分配方案中的盈余公积的提取,应作为调整事项处理

B. 资产负债表日后发生的调整事项涉及现金收支项目的,均可以调整报告年度资产负债表的货币资金项目,但不调整报告年度现金流量表各项目数字

C. 资产负债表日后事项,作为调整事项调整财务报表有关项目数字后,还需要在财务报表附注中进行披露

D. 资产负债表日至财务报告批准报出日之间,由董事会制订的财务报告所属期间利润分配方案中的现金股利,应作为调整事项处理

13. A公司2012年10月与乙公司签订一项供销合同,由于A公司未按合同发货,致使乙公司发生重大经济损失,乙公司提起诉讼,至2012年12月31日法院尚未判决。A公司2012年12月31日在资产负债表中的"预计负债"项目反映了100万元的赔偿款。2013年3月5日经法院判决,A公司需偿付乙公司经济损失120万元。A公司不再上诉,

并假定赔偿款已经支付。A 公司 2012 年度财务报告批准报出日为 2013 年 4 月 28 日，报告年度资产负债表中有关项目调整正确的是（　　）。

A.“预计负债”项目调增 20 万元；“其他应付款”项目调增 0 万元

B.“预计负债”项目调减 100 万元；“其他应付款”项目调增 120 万元

C.“预计负债”项目调增 20 万元；“其他应付款”项目调增 120 万元

D.“预计负债”项目调减 120 万元；“其他应付款”项目调增 20 万元

14. 甲公司 2013 年 1 月 10 日向乙公司销售一批商品并确认收入实现。2013 年 2 月 20 日，乙公司因产品质量原因将上述商品退货。甲公司 2012 年财务报告批准报出日为 2013 年 4 月 30 日。甲公司对此项退货业务正确的处理是（　　）。

A. 作为 2012 年资产负债表日后事项中的调整事项处理

B. 作为 2012 年资产负债表日后事项中的非调整事项处理

C. 冲减 2013 年 1 月份相关收入、成本和税金等相关项目

D. 冲减 2013 年 2 月份相关收入、成本和税金等相关项目

15. 甲公司在年度财务报告批准报出日之前发现了报告年度的重大会计差错，需要作的会计处理是（　　）。

A. 作为发现当期的会计差错更正

B. 在发现当期报表附注中作出披露

C. 按照资产负债表日后事项调整事项的处理原则作出相应调整

D. 按照资产负债表日后事项非调整事项的处理原则作出说明

16. 甲公司 2013 年 3 月发现 2012 年 7 月一项已经达到预定可使用状态的管理用固定资产未结转，同时漏提折旧，该公司 2012 年度财务报告尚未批准报出，对该调整事项正确的处理是（　　）。

A. 作为 2013 年 3 月当期正常业务处理

B. 登记 2013 年 3 月的固定资产及折旧费用等相关科目，调整 2012 年度报表相关项目的年初余额和上年金额

C. 登记固定资产及以前年度损益调整等相关项目，调整 2012 年度报表相关项目的年末余额和本年数，调整 2013 年 3 月报表的年初余额和上年余额

D. 登记固定资产、以前年度损益调整及相关项目，调整 2013 年度报表的年初余额和上年金额

17. 长江公司 2013 年 3 月在上年度财务报告批准报出后，发现 2011 年 9 月购入并开始使用的一台管理用固定资产一直未计提折旧。该固定资产 2011 年应计提折旧 20 万元，2012 年应计提折旧 80 万元。长江公司对此重大会计差错采用追溯重述法进行会计处理。假定长江公司按净利润的 10% 提取法定盈余公积，不考虑其他因素，长江公司 2012 年度利润表“本年实际”栏中的“年初未分配利润”项目应调整的金额为（　　）。

A. 调减 100 万元　B. 调减 90 万元　C. 调增 100 万元　D. 调增 90 万元

18. 资产负债表日后的非调整事项是指(　　)。

A. 资产负债表日后新发生的事项

B. 资产负债表日后新发生,且对理解和分析财务报告有重大影响的事项

C. 资产负债表日或以前已经存在,但对编制财务报告没有影响的事项

D. 资产负债表日或以前已经存在,但资产负债表日后发生变化的事项

19. 远洋公司 2012 年度财务报告批准报出日为 2013 年 4 月 30 日,该公司 2013 年 4 月 30 日之前发生的下列事项,不需要对 2012 年度财务报表进行调整的是(　　)。

A. 2013 年 2 月 10 日,法院判决保险公司对 2012 年 12 月 3 日发生的火灾赔偿 150 000 元

B. 2012 年 11 月售给某单位的 100 000 元商品,在 2013 年 1 月 25 日被退货

C. 2013 年 1 月 30 日得到通知,上年度应收某单位的货款 200 000 元,因该单位破产而无法收回,上年年末已对该应收账款计提坏账准备 10 000 元

D. 2013 年 2 月 20 日,公司董事会制订并批准了 2012 年度股票股利分配方案

20. 在资产负债表日后董事会提出的利润分配方案中,涉及的股票股利属于(　　)。

A. 调整事项　　B. 或有负债　　C. 或有资产　　D. 非调整事项

二、多项选择题

1. 下列于年度资产负债表日至财务报告批准报出日之间发生的事项中,属于资产负债表日后事项的有(　　)。

A. 支付生产工人工资　　B. 固定资产和投资发生严重减值

C. 发行股票和债券　　D. 火灾造成重大损失

2. 依据企业会计准则的规定,下列有关利润分配的表述中,正确的有(　　)。

A. 将董事会(或类似机构)通过的拟分配的现金股利或利润确认为资产负债表日的负债

B. 董事会(或类似机构)通过的拟分配的现金股利或利润不确认为资产负债表日的负债,而在附注中单独披露

C. 将股东大会(或类似机构)审议批准宣告发放的现金股利或利润确认为资产负债表日的负债

D. 股东大会(或类似机构)审议批准宣告发放的现金股利或利润不确认为资产负债表日的负债,而作为宣告当期的负债处理

3. 甲公司 2012 年度财务报告经董事会批准对外公布的日期为 2013 年 3 月 30 日,实际对外公布的日期为 2013 年 4 月 3 日。该公司 2013 年 1 月 1 日至 4 月 3 日发生的下列事项中,应当作为资产负债表日后事项中的调整事项的有(　　)。

A. 3 月 1 日发现 2012 年 10 月接受捐赠获得的一项固定资产尚未入账

B. 3 月 11 日临时股东大会决议购买乙公司 51% 的股权并于 4 月 2 日执行完毕

C. 3 月 10 日甲公司被法院判决败诉并要求支付赔款 1 000 万元,对此项诉讼,甲公司已于 2012 年年末确认预计负债 800 万元

D. 2 月 1 日与丁公司签订的债务重组协议执行完毕,该债务重组协议系甲公司于 2013 年 1 月 5 日与丁公司签订的

4. 某企业 2012 年财务报告批准对外报出日为 2013 年 4 月 10 日。2013 年 2 月 18 日,该企业发现报告年度的会计记录存在以下问题并予以调整,但并不需要调整报告年度利润表相关项目的有(　　)。

A. 漏记 2012 年 12 月 31 日发出的委托代销商品(采用收取手续费方式)一批,其成本为 10 万元,售价为 12.8 万元

B. 2012 年 12 月 31 日,漏记货到单未到的一批材料,估计成本为 5 000 元

C. 2012 年 12 月 28 日,误将委托加工物资 6 000 元记作委托代销商品

D. 2012 年 12 月 18 日,误将销售折让 3 000 元作为现金折扣处理

5. 发生资产负债表日后事项的调整事项,在当期经过账务处理后,还应当调整财务报表相关项目,包括(　　)。

A. 报告年度资产负债表相关项目的数字

B. 报告年度利润表及所有者权益变动表相关项目的数字

C. 当期编制的资产负债表相关项目的年初数

D. 现金流量表正表和补充资料的相关数字

6. 下列各项中,应在"以前年度损益调整"科目贷方核算的有(　　)。

A. 补记上年度少计的企业所得税

B. 上年度误将研究费计入无形资产价值

C. 上年度多计提的存货跌价准备

D. 上年度误将购入设备款计入管理费用

7. A 公司因违约于 2012 年 7 月被 B 公司起诉,该项诉讼在 2012 年 12 月 31 日尚未判决,A 公司认为败诉的可能性为 60%,赔偿的金额为 60 万元。2013 年 3 月 30 日财务报告批准报出之前,法院判决 A 公司需要偿付 B 公司的经济损失为 55 万元,A 公司不再上诉并支付了赔偿款项。作为资产负债表日后事项,A 公司应作的会计处理包括(　　)。

A. 按照调整事项处理原则,编制会计分录调整以前年度损益和其他相关科目

B. 调整 2012 年 12 月 31 日资产负债表相关项目

C. 调整 2012 年度利润表相关项目

D. 调整 2012 年度所有者权益变动表相关项目

8. 2012 年,甲公司为乙公司的 600 万元债务提供 70% 的担保。乙公司因到期无力偿还债务被起诉,至 2012 年 12 月 31 日,法院尚未作出判决,甲公司根据有关情况预计很可能承担部分担保责任。2013 年 2 月 5 日,甲公司财务报告批准报出之前法院作出判决,

甲公司承担全部担保责任,需为乙公司偿还债务的70%,甲公司已执行。以下甲公司处理正确的有(   )。

A. 2012 年 12 月 31 日按照很可能承担的担保责任确认预计负债

B. 2012 年 12 月 31 日对此预计负债作出披露

C. 2012 年 12 月 31 日对此或有负债作出披露

D. 2013 年 2 月 5 日按照资产负债表日后调整事项处理,调整财务报表相关项目

9. 2012 年年末,甲公司应收乙公司账款 1 000 万元,甲公司按照该项应收账款余额的 10% 计提了坏账准备。2013 年 2 月 20 日,甲公司得知乙公司已经宣告破产清算,该项应收账款预计只能收回 60%。甲公司所得税采用资产负债表债务法核算,所得税税率为 25%。甲公司已经按照 10% 的比例提取了法定盈余公积。以下对甲公司 2012 年报表调整的表述中正确的有(   )。

A. 补提坏账准备,计入资产减值损失 300 万元

B. 确认递延所得税资产,调减 2012 年所得税费用 75 万元

C. 调减资产负债表"应交税费"75 万元

D. 调减净利润 225 万元,调减资产负债表"未分配利润"202.5 万元、"盈余公积" 22.5 万元

10. 对于所得税汇算清缴之后,资产负债表日后期间发生的报告期的销售退回,在所得税采用资产负债表债务法核算时,涉及的调整项目包括(   )。

A. 主营业务收入　　B. 主营业务成本

C. 所得税费用　　D. 递延所得税资产

11. 科海股份有限公司 2012 年度财务报告于 2013 年 2 月 20 日批准报出。公司发生的下列事项中,必须在其 2012 年度财务报表附注中披露的有(   )。

A. 2012 年 11 月 1 日,从该公司董事持有 51% 股份的公司购 800 万元的货物

B. 2013 年 1 月 20 日,公司遭受水灾造成存货重大损失 500 万元

C. 2013 年 1 月 30 日,发现上年应计入财务费用的借款利息 0.10 万元误计入在建工程

D. 2013 年 2 月 1 日,公司向一家网络公司投资 500 万元,从而持有该公司 50% 的股份

12. 资产负债表日后非调整事项的特点有(   )。

A. 在资产负债表日或以前已经存在　　B. 在资产负债表日并未发生或存在

C. 资产负债表日得以证实　　D. 期后发生的事项

13. 自年度资产负债表日至财务报告批准报出日之间发生的下列事项中,属于非调整事项的有(   )。

A. 发行可转换公司债券

B. 资产负债表日以前销售的商品被退回

C. 在资产负债表日后发生并确定支付的巨额赔偿

D. 已证实某项资产在资产负债表日已减值

14. 上市公司在其年度资产负债表日后至财务报告批准报出日前发生的下列事项中,属于非调整事项的有(　　)。

A. 因发生火灾导致存货严重损失

B. 以前年度售出的商品发生退货

C. 董事会提出股票股利分配方案

D. 董事会提出现金股利分配方案

15. 甲公司在资产负债表日至财务报告批准报出日之间发生的下列事项中,属于资产负债表日后非调整事项的有(　　)。

A. 资本公积转为股本

B. 持有 A 公司的 60% 股份转让给 B 公司

C. 外汇汇率发生较大变动

D. 资产负债表日存在的某项现时义务予以确认

三、判断题

1. 资产负债表日后事项表明持续经营假设不再适用的,企业不应当在持续经营基础上编制财务报表。(　　)

2. 2012 年度财务报告批准报出前,甲公司董事会于 2013 年 3 月 15 日提出分派股票股利方案。该公司调整了报告年度财务报表相关项目的金额。(　　)

3. 资产负债表日后事项中的调整事项,涉及损益的,通过“以前年度损益调整”科目核算,然后将“以前年度损益调整”科目的余额转入“本年利润”科目。(　　)

4. 资产负债表日后事项,已经作为调整事项调整财务报表有关项目数字的,除法律、法规以及其他会计准则另有规定外,不需要在附注中进行披露。(　　)

5. 2012 年度财务报告批准报出前,乙公司董事会于 2013 年 2 月 25 日提出分派股票股利方案。该公司对该事项在财务报告附注中作了相关披露,但未调整财务报表相关项目的金额。(　　)

6. 资产负债表日后出现的情况引起的固定资产或投资上的减值,属于非调整事项。(　　)

7. 企业发生的资产负债表日后非调整事项,不应当调整资产负债表日的财务报表。(　　)

8. 资产负债表日后事项中的调整事项,涉及损益调整的,直接在“利润分配——未分配利润”科目核算。(　　)

9. “以前年度损益调整”科目的借方余额或贷方余额,应转入“利润分配——未分配利润”科目。(　　)

10. 资产负债表日后事项中的调整事项,无论是有利事项还是不利事项,均应当调整报告年度财务报表相关项目数字。(　　)

实训题

实训一

目的:实训发生资产负债表所属期间所售商品退回的会计核算。

资料:甲公司2012年11月向乙公司销售其产品,销售价格为250 000元(不含增值税),增值税税率为17%,销售成本为200 000元。甲公司12月20日收到对方通知,乙公司因产品质量与合同要求不符退货。截至12月31日,甲公司未收到货款和退货。甲公司期末将上述货款和增值税一并计入应收账款,并按5%计提坏账准备。甲公司于2013年2月10日收到了全部退回的产品以及退回的增值税专用发票。甲公司财务报告批准报出日为4月30日,所得税税率为25%,期末按净利润的10%提取法定盈余公积。税法规定,企业提取的坏账准备不能税前扣除。甲公司所得税采用资产负债表债务法核算,2013年2月15日完成了2012年所得税汇算清缴。

要求:作出该调整事项的会计处理。

实训二

目的:实训发生资产负债表日后诉讼案件结案的会计核算。

资料:A公司因严重违约于2012年8月被B公司起诉,原告提出索赔500 000元,法院于2013年3月20日作出了判决。A公司需在判决后30日内向原告赔偿400 000元,A公司已经执行。A公司在2012年12月31日已经估计到很可能赔偿300 000元。A公司财务报告批准报出日为4月30日,所得税税率为25%,所得税采用资产负债表债务法核算,2013年2月15日完成了2012年所得税汇算清缴,期末按净利润的10%提取法定盈余公积。

要求:

1. 写出2012年12月31日预计赔偿的会计处理。
2. 写出2013年3月20日该调整事项的会计处理。

实训三

目的:实训发生资产负债表日后诉讼案件结案的会计核算。

资料:甲公司为上市公司,适用的所得税税率为25%,按净利润的10%提取法定盈余公积。甲公司发生的有关业务资料如下:

1. 2012年12月1日,甲公司因合同违约被乙公司告上法庭,要求甲公司赔偿违约金1 000万元。至2012年12月31日,该项诉讼尚未判决,甲公司经咨询法律顾问后,认为很可能赔偿的金额为700万元。

2. 2012年12月31日,甲公司对该项未决诉讼事项确认预计负债和营业外支出700万元,并确认了相应的递延所得税资产和所得税费用为175万元。

3. 2013 年 3 月 5 日，经法院判决，甲公司应赔偿乙公司违约金 500 万元。甲、乙公司均不再上诉。

其他相关资料：甲公司所得税汇算清缴日为 2013 年 2 月 28 日；2012 年度财务报告批准报出日为 2013 年 3 月 31 日；未来期间能够取得足够的应纳税所得额用以抵扣可抵扣暂时性差异；不考虑其他因素。

要求：

1. 根据法院判决结果，编制甲公司调整 2012 年度财务报表相关项目的会计分录。
2. 根据调整分录的相关金额，填写下面表格指定位置的财务报表相关项目。

单位：万元

调整项目	影响金额
利润表项目：	
营业外支出	
所得税费用	
净利润	
资产负债表项目：	
递延所得税资产	
其他应付款	
预计负债	
盈余公积	
未分配利润	

《财务会计》模拟试题一（资产部分）

一、名词解释(本类题4小题,每小题2分,共8分)

1. 历史成本
2. 固定资产
3. 存货
4. 无形资产

二、单项选择题(本类题15小题,每小题1分,共15分。多选、错选、不选均不得分)

1. 投资企业持有交易性金融资产期间对被投资单位宣告的现金股利,应(　　)。

A. 计入投资收益　　B. 冲减应收股利

C. 不进行账务处理　　D. 冲减交易性金融资产成本

2. 企业会计核算必须符合国家的统一规定,这是为了满足(　　)。

A. 可理解性要求　　B. 重要性要求

C. 可比性要求　　D. 客观性要求

3. 商业汇票的付款期由交易双方商定,但最长不能超过(　　)。

A. 1个月　　B. 2个月　　C. 3个月　　D. 6个月

4. 某企业"坏账准备"科目的年初余额为4 000元,"应收账款"和"其他应收款"科目的年初余额为30 000元和10 000元。当年,不能收回的应收账款2 000元确认为坏账损失。"应收账款"和"其他应收款"科目的年末余额分别为50 000元和20 000元。假定该企业年末确定的坏账提取比例为10%,该企业年末应提取的坏账准备为(　　)元。

A. 1 000　　B. 3 000　　C. 5 000　　D. 7 000

5. 某企业为增值税小规模纳税企业。该企业购入甲材料600千克,每千克含税单价为50元,发生运杂费2 000元,运输途中发生合理损耗10千克,入库前发生挑选整理费用200元。该批甲材料的入账价值为(　　)元。

A. 30 000　　B. 32 000　　C. 32 200　　D. 32 700

6. 企业发生的原材料盘亏或毁损损失中,不应作为管理费用列支的是(　　)。

A. 自然灾害造成的存货净损失　　B. 管理不善造成的盘亏损失

C. 保管中发生的定额内自然损耗　　D. 收发计量差错造成的盘亏损失

7. 采用权益法核算时,下列各项会引起投资企业长期股权投资账面价值发生增减变化的是(　　)。

A. 被投资单位提取盈余公积　　B. 被投资单位用盈余公积转增资本

C. 被投资单位宣告分派股票股利　　D. 被投资单位宣告分派现金股利

8. 工业企业出售房屋一幢,缴纳营业税 15 000 元,应记入的会计科目为(　　)。

A. "其他业务成本"　　B. "营业税金及附加"

C. "固定资产清理"　　D. "营业外支出"

9. 企业管理用无形资产的摊销,一般应计入(　　)。

A. 管理费用　　B. 财务费用

C. 销售费用　　D. 其他业务成本

10. 企业出售无形资产发生的净损失,应计入(　　)。

A. 营业外支出　　B. 其他业务成本

C. 主营业务成本　　D. 管理费用

11. 导致权责发生制的产生以及预提、摊销等会计处理方法的运用的基本前提是(　　)。

A. 持续经营　　B. 会计主体

C. 会计分期　　D. 货币计量

12. 下列支出中,应列入费用的是(　　)。

A. 支付的土地出让金　　B. 专利技术的研究费用

C. 购入固定资产支付的运费　　D. 企业支付的特许权使用费

13. 下列各项中,能够引起资产和负债同时发生变化的是(　　)。

A. 摊销无形资产成本　　B. 赊购原材料

C. 计提长期债券投资利息　　D. 职工出差预借差旅费

14. 企业将款项汇往外地开立采购专户时,应借记的会计科目是(　　)。

A. "材料采购"　　B. "在途物资"

C. "预付账款"　　D. "其他货币资金"

15. 在已确认减值损失的金融资产价值恢复时,下列金融资产的减值损失不得通过损益转回的是(　　)。

A. 持有至到期投资的减值损失

B. 贷款及应收款项的减值损失

C. 可供出售权益工具投资的减值损失

D. 可供出售债务工具投资的减值损失

三、多项选择题(本类题 5 小题,每小题 2 分,共 10 分。多选、错选、不选均不得分)

1. 在外购固定资产的入账价值中,应包括的项目有(　　)。

A. 增值税　　B. 关税　　C. 运杂费　　D. 消费税

2. 下列各项中,体现会计信息质量谨慎性要求的有(　　)。

A. 将融资租入固定资产视为自有资产核算

B. 采用年数总和法计提固定资产折旧

C. 对固定资产计提减值准备

D. 在物价上涨时期,对发出存货采用先进先出法核算

3. 下列可以用现金结算的有(　　)。

A. 支付离退休人员工资

B. 企业职工出差预借差旅费

C. 购买办公用品

D. 向农民购买农副产品

4. 下列各项中,应计入销售费用的有(　　)。

A. 随同产品出售单独计价的包装物成本

B. 分期摊销的出租包装物成本

C. 随同产品出售不单独计价的包装物成本

D. 分期摊销的出借包装物成本

5. 下列各项,应通过"固定资产清理"科目核算的有(　　)。

A. 固定资产的报废

B. 固定资产的出售

C. 固定资产的盘亏

D. 固定资产的毁损

四、判断题(本类题 10 小题,每小题 1 分,共 10 分)

1. 在依法申请取得专利权时,应将已计入损益的研究与开发费用予以转回,并计入专利权的入账价值。(　　)

2. 银行存款余额调节表是调整企业银行存款账面余额的原始凭证。(　　)

3. 已确认并转销的坏账损失,以后又收回的,应借记"银行存款"科目,贷记"坏账准备"科目。(　　)

4. 企业将商业汇票贴现时,贴现所得金额小于票据面值的差额,应作为财务费用。(　　)

5. 以前会计期间已计提存货跌价准备的某项存货,当其可变现净值恢复到等于或大于成本时,应该将该项存货的跌价准备的账面已提数全部冲回。(　　)

6. 会计核算以人民币为记账本位币,业务收支以外币为主的企业,也可以选择某种外币作为记账本位币,但编报的财务报表应当折算为以人民币反映。(　　)

7. 企业出租无形资产取得的收入应在"其他业务收入"账户核算。(　　)

8. 某一会计事项是否具有重要性,很大程度上取决于会计人员的职业判断。(　　)

9. 会计主体规定了会计核算内容的时间范围。(　　)

10. 按照历史成本计量属性,企业一般不得变动资产取得时所记录的价值。(　　)

五、计算题(本类题共 10 分)

A 公司从 2008 年起开始采用应收账款余额百分比法计提坏账准备,计提的比例为 1%。现发生如下相关经济业务:

1. 2008 年年末"应收账款"科目余额为 300 000 元。

2. 2009 年发生坏账损失 1 000 元,年末“应收账款”科目余额为 360 000 元。

3. 2010 年收回 2009 年已确认的坏账 800 元,年末“应收账款”科目余额为 340 000 元。

4. 2011 年发生坏账损失 1 500 元,年末“应收账款”科目余额为 320 000 元。

要求:

1. 计算 2008 年应提取的坏账准备。

2. 计算 2009 年应提取的坏账准备。

3. 计算 2010 年应提取的坏账准备。

4. 计算 2011 年应提取的坏账准备。

六、业务处理题(本类题 10 小题,每小题 3 分,共 30 分。要求:逐题编制会计分录,会计分录必须写出明细科目)

1. 填制“信汇凭证”一张,委托开户银行汇往外地某单位,归还欠款 4 000 元。

2. 甲公司因资金需要,将面值为 300 000 元的商业汇票到银行贴现,贴现息 2 600 元,贴现净收入存入银行。

3. 销售产品一批,价款 30 000 元,增值税 5 100 元,商品发出,当日办妥货款托收手续。

4. 毁损丙材料 40 千克,实际单位成本 30 元。经查属于材料保管人员的过失,按规定应由个人赔偿 700 元,残料价值 200 元,已验收入库,其余列为费用。

5. 因一客户破产,导致应收账款 2 500 元不能收回,经批准确认为坏账。

6. 从本市购入甲材料 30 吨,每吨 1 000 元,公司开出转账支票支付货款及增值税税款(税率为 17%),同时以现金 300 元支付运杂费,材料已验收入库(材料按实际成本核算)。

7. 甲企业 2013 年 4 月 1 日以银行存款 168 000 元买入 B 公司于 2012 年 1 月 1 日发行的 3 年期债券作为交易性金融资产,其中,已到付息期但尚未领取的债券利息为 8 000 元。

8. 购入一条生产线,价值 800 000 元,增值税 136 000 元,途中运杂费 4 000 元。价款签发商业汇票支付,设备交付生产车间安装。

9. 以银行存款支付设备安装费 3 000 元,应付安装工人工资 1 000 元。

10. 结转本月随同产品出售不单独计价的包装物成本 6 000 元。

七、综合题(本类题共 17 分)

京华公司为增值税一般纳税企业,采用实际成本进行存货的日常核算。假定运费不考虑增值税。2012 年 8 月 1 日有关账户的期初余额如下:

在途物资——甲材料 4 000 元

原材料——甲材料(月初结存 5 730 千克,单价 100 元) 573 000 元

2012 年 8 月发生如下经济业务事项:

1. 3 日，上月已付款的甲材料 40 千克（每千克单价 100 元）全部收到，并验收入库。

2. 8 日，从 A 企业购入甲材料 500 千克，每千克单价 100 元，增值税专用发票上注明增值税税额为 8 500 元，另外 A 企业还代垫运杂费 1 300 元。全部货款已用银行存款支付，材料已验收入库。

3. 13 日，持银行汇票 200 000 元从 C 企业购入甲材料 1 600 千克，每千克单价为 102 元，增值税专用发票上注明增值税税额为 27 744 元，对方代垫运杂费 2 150 元，材料尚未到达。

4. 15 日，收到从 C 企业购入的甲材料，并已验收入库。

5. 17 日，收回银行汇票，多余票款存入银行。

6. 22 日，收到 D 企业发来的甲材料 80 千克，并已验收入库。该批材料货款为 9 300 元，增值税税额为 1 581 元。为购买该批材料，京华公司已于上月预付货款 6 000 元，收到材料后，京华公司用银行存款补付余款。

7. 30 日，根据“发料凭证汇总表”，本月领用甲材料汇总情况如下：基本生产车间为产品生产领用 5 000 千克，车间一般耗用 300 千克，管理部门领用 100 千克。

要求：

1. 编制事项 1 ~ 6 的会计分录。

2. 计算甲材料的加权平均单价。

3. 计算发出材料的实际成本，并编制事项 7 的会计分录。

《财务会计》模拟试题二（非资产部分）

一、名词解释（每小题2分，共8分）

1. 留存收益
2. 利润表
3. 暂时性差异
4. 借款费用

二、单项选择题（每小题1分，共15分）

1. 企业出租无形资产发生的摊销费用应计入（　　）。
   A. 制造费用　　B. 销售费用
   C. 管理费用　　D. 其他业务成本
2. 下列项目中，不通过"应付职工薪酬"科目进行核算的是（　　）。
   A. 生产工人工资　　B. 支付的奖金
   C. 职工科技发明奖　　D. 退休人员退休金
3. 下列项目中，不通过"应交税费"科目进行核算的是（　　）。
   A. 印花税　　B. 房产税
   C. 车船税　　D. 城镇土地使用税
4. 企业接受现金捐赠时，应借记"银行存款"科目，贷记（　　）科目。
   A. "资本公积"　　B. "营业外收入"
   C. "主营业务收入"　　D. "递延收益"
5. 下列项目中，引起所有者权益总额增减变动的业务是（　　）。
   A. 资本公积转增资本　　B. 盈余公积转增资本
   C. 盈余公积弥补亏损　　D. 宣告分派现金股利
6. 下列项目中，不属于会计定义中的收入范围的是（　　）。
   A. 出售无形资产净收入　　B. 股权投资收益
   C. 出租固定资产收入　　D. 提供劳务收入
7. 按福利部门人员工资计提的基本养老保险费应借记（　　）科目。
   A. "应付职工薪酬"　　B. "管理费用"

C.“其他应付款” D.“制造费用”

8. 在资产负债表债务法下，由于可抵扣暂时性差异产生的对所得税的影响，应借记(　　)科目。

A.“所得税费用” B.“递延所得税资产”

C.“递延所得税负债” D.“应交税费——应交所得税”

9. 企业销售应税产品，按规定应缴纳的消费税，借记(　　)账户，贷记“应交税费——应交消费税”账户。

A.“营业税金及附加” B.“生产成本”

C.“管理费用” D.“其他业务成本”

10. 下列项目中应计入营业外支出的是(　　)。

A. 存货跌价损失 B. 交易性金融资产跌价损失

C. 出售固定资产净损失 D. 坏账损失

11. 资产负债表中“应收账款”项目不包括(　　)。

A.“应收账款”科目所属明细科目的借方余额

B.“应收账款”科目所属明细科目的贷方余额

C.“坏账准备”科目的期末余额

D.“预收账款”科目所属明细科目的借方余额

12. 采用委托代销方式销售产品，委托方确认商品销售收入的时点是(　　)。

A. 发出商品时 B. 开出销售发票账单时

C. 收到商品销售货款时 D. 收到代销清单时

13. 企业下列现金流入中，属于经营活动产生的现金流入的是(　　)。

A. 处置固定资产的现金流入 B. 出租固定资产的租金流入

C. 接受现金捐赠的现金流入 D. 出售无形资产的现金流入

14. 企业当月缴纳当月增值税，应通过(　　)科目核算。

A.“应交税费——应交增值税(已交税金)”

B.“应交税费——未交增值税”

C.“应交税费——应交增值税(转出未交增值税)”

D.“应交税费——应交增值税(转出多交增值税)”

15. 下列报表中，能够反映企业某一特定时点的财务状况的是(　　)。

A. 资产负债表 B. 利润表

C. 现金流量表 D. 所有者权益变动表

三、多项选择题(每小题 2 分，共 10 分)

1. 企业按规定应付的借款费用，可能记入的会计科目有(　　)。

A.“研发支出” B.“制造费用”

C.“财务费用” D.“在建工程”

2. 下列各账户余额中，包括在资产负债表“存货”项目中的有(　　)。

A. 委托加工物资　　　　B. 生产成本

C. 工程物资　　　　D. 材料成本差异

3. 按照企业会计制度的规定,下列各项中应列入管理费用核算的有(　　)。

A. 计提的坏账准备　　　　B. 自然溢余的材料

C. 筹建期间人员工资　　　　D. 排污费

4. 下列各项中,产生可抵扣暂时性差异的有(　　)。

A. 提取的产品质量保证费用

B. 提取的存货跌价准备

C. 提取的固定资产减值准备

D. 交易性金融资产公允价值变动收益

5. 根据现行会计制度的规定,下列项目中,可根据有关总账余额直接填列的有(　　)。

A. 应付票据　　　　B. 交易性金融资产

C. 存货　　　　D. 应付职工薪酬

四、判断题(每小题 1 分,共 10 分)

1. 企业对于确实无法支付的应付账款经批准后应计入资本公积。(　　)

2. 会计制度规定,企业缴纳的各项税金都通过"应交税费"科目核算。(　　)

3. "长期借款"科目的期末余额,反映企业尚未支付的各种长期借款的本金和利息。(　　)

4. 按税法规定,超过标准的业务招待费应计入管理费用。(　　)

5. 无论是以税前利润还是以税后利润弥补亏损,会计上均无须作专门的账务处理。(　　)

6. 企业用盈余公积弥补亏损,使所有者权益总额不变,但所有者权益内部各项目之间发生结构变动。(　　)

7. 收入能够导致企业所有者权益增加,但导致所有者权益增加的不一定都是收入。(　　)

8. 企业进行年度转账后,"利润分配"账户应无余额。(　　)

9. 企业发生的应收票据贴现的利息支出,属于经营活动现金流量。(　　)

10. 现金流量表是反映企业在某一特定日期财务状况的会计报表。(　　)

五、计算题(共 10 分)

某公司 2012 年 1 月 1 日开始动工建造一幢厂房,施工期为 2 年。公司于 2011 年 11 月 1 日从银行专门借入 2 年期借款 1 000 万元,年利率为 8%。工程于 2012 年 1 月 1 日开工,支出情况为:2012 年 1 月 1 日支出 400 万元;2012 年 7 月 1 日支出 300 万元;2013 年 1 月 1 日支出 300 万元。公司将借款中未动用的资金用于短期投资,月投资收益率为 0.3%。

要求:根据上述经济业务,进行下列会计处理:

1. 计算该公司 2012 年借款利息总额。

2. 计算该公司 2012 年投资收益总额。

3. 计算该公司 2012 年借款利息费用的资本化金额。

六、业务处理题(每小题 3 分,共 30 分)

1. 接受外商投入大型设备,折合人民币 500 000 元,占被投资单位 40% 的股权。投资当日,被投资单位所有者权益总额为 100 万元。

2. 将无法支付的 D 公司的应付账款 40 000 元予以核销。

3. 经批准用盈余公积转增资本 800 000 元。

4. 本月应付职工薪酬为 134 000 元。其中生产工人工资 40 000 元,车间管理人员工资 12 000 元,企业管理人员工资 35 000 元,销售人员工资 47 000 元。

5. 销售产品一批,价值 40 000 元,增值税 6 800 元,价款和税款已经存入银行。

6. 计算本月应交所得税 33 000 元,递延所得税资产借方余额 6 600 元。

7. 2012 年实现净利润 60 000 元,按规定计提法定盈余公积 6 000 元,宣告分配现金股利 30 000 元。

8. 从银行借入 3 年期借款 1 000 000 元,已存入银行。

9. 以银行存款支付业务招待费 38 000 元。

10. 计算本月应付长期借款利息 10 000 元。

七、综合题(共 17 分)

WW 公司 2012 年 12 月末有关损益类账户的发生额如下:

单位:元

账户名称	借方	贷方
主营业务收入		8 740 000
主营业务成本	6 520 000	
营业税金及附加	46 000	
销售费用	534 000	
管理费用	391 000	
财务费用		18 000
其他业务收入		1 200 000
其他业务成本	880 000	
投资收益		24 000
营业外收入		15 000
营业外支出	21 000	

上述业务中,包括以下业务:

1. 投资收益中含有国库券利息收入4 000元;

2. 营业外支出中含有税收罚款支出3 000元。

除以上业务外,企业无其他纳税调整项目。企业所得税税率为25%,采用资产负债表债务法进行所得税核算。

要求:

1. 结转损益类账户的发生额到"本年利润"账户。

2. 计算企业应交所得税和净利润。

3. 编制计提应交所得税和结转所得税的会计分录。

4. 编制2012年度的利润表。

利润表(简表)

会企02表

编制单位: 年 月 单位:元

项目	本期金额
一、营业收入	
减:营业成本	
营业税金及附加	
销售费用	
管理费用	
财务费用	
资产减值损失	
加:公允价值变动收益(损失以"-"号填列)	
投资收益(损失以"-"号填列)	
其中:对联营企业和合营企业的投资收益	
二、营业利润(亏损以"-"号填列)	
加:营业外收入	
减:营业外支出	
其中:非流动资产处置损失	
三、利润总额(亏损总额以"-"号填列)	
减:所得税费用	
四、净利润(净亏损以"-"号填列)	

《财务会计》模拟试题三

一、单项选择题(本类题15小题,每小题1分,共15分。多选、错选、不选均不得分。请将答案写在下表中)

1	2	3	4	5	6	7	8	9	10	11	12	13	14	15

1. 在下列资产负债表项目中,可以根据有关总账科目直接填列的是(　　)。

A."存货"　　B."应付职工薪酬"

C."应付账款"　　D."预收款项"

2. 取得交易性金融资产发生的交易费用应列入(　　)科目。

A."投资收益"　　B."交易性金融资产"

C."财务费用"　　D."管理费用"

3. 下列项目中,符合资产定义的是(　　)。

A. 购入的某项专利权　　B. 经营租入的设备

C. 待处理的财产损失　　D. 专利技术的研究费用

4. 按会计准则规定,下列资产中,不应提取折旧的是(　　)。

A. 经营租出的固定资产

B. 融资租入的固定资产

C. 不需用的固定资产

D. 已提足折旧仍继续使用的固定资产

5. 下列各项中,能够引起资产和负债同时发生变化的是(　　)。

A. 计提固定资产折旧　　B. 赊购原材料

C. 计提长期借款利息　　D. 接受固定资产投资

6. 下列税金中,不影响利润表有关项目的是(　　)。

A. 增值税　　B. 消费税　　C. 房产税　　D. 印花税

7. 工业企业出租无形资产应缴纳的营业税,应记入的会计科目为(　　)。

A."其他业务成本"　　B."营业税金及附加"

C."无形资产"　　D."营业外支出"

8. 在发出存货的计价方法中，不利于存货日常管理的计价方法是(　　)。
A. 先进先出法　　B. 移动加权平均法
C. 月末一次加权平均法　　D. 个别计价法

9. 无法支付的应付账款，经批准后列入(　　)科目。
A. "资本公积"　　B. "营业外收入"
C. "其他业务收入"　　D. "坏账准备"

10. 下列项目中，影响所有者权益总额增减变动的业务是(　　)。
A. 资本公积转增资本　　B. 注销回购的库存股
C. 盈余公积弥补亏损　　D. 接受存货投资

11. 下列项目中，不属于会计定义中的收入范围的是(　　)。
A. 出售固定资产净收入　　B. 股权投资收益
C. 出租无形资产收入　　D. 提供劳务收入

12. 对期末存货采用成本与可变现净值孰低法计价，所体现的会计信息质量要求是(　　)。
A. 及时性　　B. 实质重于形式　　C. 谨慎性　　D. 可比性

13. 企业将生产的产品发放给职工，按规定应缴纳的增值税应借记(　　)账户。
A. "营业税金及附加"　　B. "主营业务成本"
C. "应付职工薪酬"　　D. "其他业务成本"

14. 下列项目中，属于筹资活动产生的现金流入的是(　　)。
A. 处置固定资产的现金流入　　B. 出租固定资产的租金流入
C. 接受现金捐赠的现金流入　　D. 收到的现金股利

15. 下列项目中，属于长期股权投资后续计量方法的是(　　)。
A. 工作量法　　B. 实际利率法
C. 成本法　　D. 完工百分比法

二、多项选择题(本类题 5 小题，每小题 2 分，共 10 分。多选、错选、不选均不得分。请将答案写在下表中)

1	2	3	4	5

1. 下列各项中，应计入管理费用的有(　　)。
A. 企业车间支付的业务招待费　　B. 企业支付的银行承兑汇票手续费
C. 企业购买商品时取得的现金折扣　　D. 企业发生的诉讼费

2. 下列各项中，属于财务会计计量属性的有(　　)。
A. 历史成本　　B. 可变现净值　　C. 现值　　D. 公允价值

3. 下列项目中，属于应付职工薪酬的有(　　)。
A. 辞退福利　　B. 职工福利　　C. 误餐补助　　D. 住房公积金

4. 下列各项中,应列入利润表“资产减值损失”项目的有(　　)。
A. 计提的坏账损失　　B. 计提的固定资产减值损失
C. 交易性金融资产价格下跌　　D. 计提的库存商品跌价损失

5. 下列各项中,应通过“其他货币资金”科目核算的有(　　)。
A. 签发的商业汇票　　B. 签发的银行汇票
C. 签发的转账支票　　D. 签发的银行本票

三、判断题(本类题 10 小题,每小题 1 分,共 10 分)

1. 会计制度规定,企业缴纳的各项税金都通过“应交税费”科目核算。(　　)

2.“长期借款”科目的期末余额,反映企业尚未支付的各种长期借款的本金和利息。(　　)

3. 按会计制度规定,超过标准的业务招待费也应计入管理费用。(　　)

4. 企业可以同时采用实际成本和计划成本对不同的存货进行核算。(　　)

5. 在资产负债表债务法下,企业的应交所得税与所得税费用往往不相等。(　　)

6. 企业用资本公积转增资本,所有者权益总额不变,但所有者权益内部各项目之间发生结构变动。(　　)

7. 企业发生的利得或损失,应列入营业外收入或营业外支出。(　　)

8. 企业进行年度转账后,“本年利润”账户应无余额。(　　)

9. 企业支付的所得税,属于经营活动现金流量。(　　)

10. 如果一项劳务的开始和完成分属不同的会计年度,按照企业会计准则,应采用完工百分比法确认收入。(　　)

四、计算分析题(本类题 3 小题,每小题 6 分,共 18 分)

1. 星河工业公司存货按实际成本计价进行核算。2013 年 6 月 1 日,结存 A 材料 100 千克,每千克实际成本 100 元。当月发生如下经济业务:

(1)3 日,购入 A 材料 50 千克,每千克实际成本 105 元,材料已验收入库。

(2)7 日,购入 A 材料 70 千克,每千克实际成本 98 元,材料已验收入库。

(3)20 日,购入 A 材料 80 千克,每千克实际成本 110 元,材料已验收入库。

(4)当月共发出材料 240 千克,具体包括:5 日,发出 80 千克;12 日,发出 130 千克;25 日,发出 30 千克。

要求:采用先进先出法计算发出材料和结存材料的实际成本。

2. 企业购入的设备于 2008 年 12 月 12 日安装完毕,达到预定可使用状态。其入账价值为 1 500 万元,预计使用年限为 5 年,预计净残值率为 5%,采用双倍余额递减法计提折旧。

要求:计算 2009 ~ 2013 年各年应提折旧额。

3. 公司适用的所得税税率为 25%,所得税核算采用资产负债表债务法。2013 年年初未分配利润贷方余额为 20 万元,当年实现利润总额 100 万元,其中包括国库券利息收入 4 万元和支付的税收罚款 6 万元，除此之外，公司无其他纳税调整事项。

要求：

(1)计算 2013 年应纳税所得额和应交所得税。

(2)计算 2013 年净利润和提取的法定盈余公积。

(3)假定当年分配现金股利 30 万元，计算年末未分配利润余额。

五、会计分录题(本类题 15 小题，每小题 2 分，共 30 分。要求：逐题编制会计分录，涉及“应交税费”科目的，必须写出明细科目。金额单位用元表示)

1. 委托银行签发银行汇票一张，面值 100 000 元，用于采购材料。

2. 销售产品一批，价款 30 000 元，增值税 5 100 元，产品发出，当日收到转账支票一张，已送存银行。

3. 某小规模纳税企业购买材料一批，发票上注明的价款为 4 000 元、增值税为 680 元，价款以存款支付，材料入库。另以现金支付运杂费 130 元。

4. 企业收回上年已经核销的坏账准备 3 000 元。

5. 甲公司以银行存款购买 A 公司有表决权股份的 30%，实际支付价款 1 000 000 元，另支付相关税费 20 000 元，能够对 A 公司施加重大影响。投资时 A 公司可辨认净资产公允价值为 3 000 000 元。

6. 应付职工薪酬为 134 000 元，其中生产工人工资 40 000 元，车间管理人员工资 12 000 元，企业管理人员工资 35 000 元，销售人员工资 47 000 元。

7. 甲公司 2013 年 4 月 1 日以银行存款 168 500 元买入 B 公司于 2012 年 4 月 1 日发行的 3 年期债券作为交易性金融资产。支付的价款中包括：交易费用 1 500 元、已到付息期但尚未领取的债券利息 8 000 元。

8. 某企业出售一项专利权，该专利权的账面余额为 10 万元，已摊销 6 万元，取得转让价款 4 万元并存入银行，应交营业税为 0.2 万元。

9. 计算本月应付长期借款利息为 50 000 元，其中 60% 符合工程资本化条件。

10. 企业开发一项专利，发生支出 60 000 元，假定全部为职工薪酬，其中 40 000 元属于资本化支出，20 000 元属于费用化支出。

11. 企业以盈余公积弥补亏损 100 000 元。

12. 企业发行 8 000 000 元的每年付息债券，发行价等于面值，价款已存入银行。

13. 年末，按债券面值 8 000 000 元的 6% 计提债券利息，列入当期损益。

14. 领用本单位生产的水泥一批用于工程建设，该批水泥成本为 200 000 元，税务部门核定的计税价格为 300 000 元，增值税税率为 17%。

15. 以银行存款回购本企业股票 100 万股，收购价为 4.5 元/股。发行时该股票的面值为 1 元/股。

六、综合题(本类题共 17 分)

甲企业为增值税一般纳税人，增值税税率为 17%。2013 年发生固定资产业务如下：

1.2 月 10 日,企业管理部门购入一台不需要安装的 A 设备,取得的增值税专用发票上注明的设备价款为350 万元、增值税为59.5 万元,另发生运杂费1.5 万元,款项均以银行存款支付。

2. A 设备经过调试后,于 2 月 26 日投入使用,预计使用 10 年,净残值为 15 万元,决定采用年限平均法计提折旧。

3.7 月 15 日,甲企业生产车间购入一台需要安装的 B 设备,取得的增值税专用发票上注明的设备价款为600 万元、增值税为102 万元,另发生运杂费、保险费7 万元,款项均以银行存款支付。

4.8 月 19 日,安装 B 设备,以银行存款支付安装费 3 万元。B 设备于 8 月 25 日达到预定可使用状态,并投入使用。

5. B 设备采用工作量法计提折旧,预计净残值为 10 万元,预计总工时为 5 万小时。9 月,B 设备实际使用工时为 1 000 小时。

要求:

1. 编制甲企业 2013 年 2 月 10 日购入 A 设备的会计分录。

2. 计算甲企业 2013 年 3 月 A 设备的折旧额并编制会计分录。

3. 编制甲企业 2013 年 7 月 15 日购入 B 设备的会计分录。

4. 编制甲企业 2013 年 8 月安装 B 设备及 B 设备投入使用的会计分录。

5. 计算甲企业 2013 年 9 月 B 设备的折旧额并编制会计分录。

(答案中的金额单位用万元表示)

大连出版社教学支持说明

为了建设立体化精品教材，秉承大连出版社对于其教材类产品的一贯教学支持，我们将向使用本套教材的高校教师免费提供教学课件和习题与实训的答案。

为确保此资源仅为教师教学使用，烦请授课老师清晰填写如下开课情况证明，并邮寄(传真)至以下地址，我们据此给您提供。谢谢您的合作！

地址：大连市西岗区长白街12号　大连出版社(邮编116011)

电话：0411-83620416、83621075

传真：0411-83610391

e-mail：hjj@dlmpm.com

证　明

兹证明______大学______系/院第______学年开设的______课程，采用大连出版社出版的______作为本课程教材，授课老师为______，学生______个班共______人。

授课教师需要与本书配套的教学课件和习题与实训答案为：

______。

地址：______

邮编：______

电话：______

e-mail：______

系/院主任：______(签字)

(系/院办公室盖章)

20____年____月____日